叶圣陶青少年文库

小说卷

潘先生在难中

叶圣陶◎著

时代出版传媒股份有限公司
安徽少年儿童出版社

图书在版编目（CIP）数据

潘先生在难中 / 叶圣陶著.—合肥：安徽少年儿童出版社，2015.5（2018.10重印）
（叶圣陶青少年文库）

ISBN 978-7-5397-7888-4

Ⅰ.①潘… Ⅱ.①叶… Ⅲ.①儿童文学－短篇小说－小说集－中国－当代
Ⅳ.①I287.47

中国版本图书馆CIP数据核字（2015）第061173号

YE SHENGTAO QINGSHAONIAN WENKU PAN XIANSHENG ZAI NAN ZHONG
叶圣陶青少年文库·潘先生在难中　　叶圣陶　著

出 版 人：张克文　总 策 划：上海采芹人文化　策划统筹：王慧敏　宣晓凤
责任编辑：宋丽玲　插画绘制：国王插画
特约编辑：苏立娜　张　燕　责任印制：田　航
出版发行：时代出版传媒股份有限公司 http://www.press-mart.com
安徽少年儿童出版社 E-mail：ahse1984@163.com
新浪官方微博：http://weibo.com/ahsecbs
腾讯官方微博：http://t.qq.com/anhuishaonianer（QQ：2202426653）
（安徽省合肥市翡翠路 1118 号出版传媒广场　邮政编码：230071）
市场营销部电话：（0551）63533532（办公室）　63533524（传真）
（如发现印装质量问题，影响阅读，请与本社市场营销部联系调换）
印　制：安徽国文彩印有限公司
开　本：700mm × 1000mm　1/16　印张：11.75　字数：110千字
版　次：2015 年 5月第 1 版　2018 年 10 月第 12 次印刷

ISBN 978-7- 5397-7888-4　定价：16.00元

潘先生在难中

一

车站里挤满了人，各有各的心事，都现出异样的神色。脚夫两手插在号衣的口袋里，睡着一般地站着；他们知道可以得到特别收入的时间离得还远，也犯不着老早放出精神来。空气沉闷得很，人们略微感到呼吸受压迫，大概快要下雨了。电灯亮了一会儿了，仿佛比平时昏黄一点，望去好像一切的人物都在雾里、梦里。

揭示处的黑漆板上标明西来的快车须迟到四点钟。这个报告在几点钟以前早就叫人家看熟了，现在便同风化了的戏单一样，没有一个人再望它一眼。像这种报告，在这一个礼拜里，几乎每天每趟的行车都有，大家也习以为当然了。

不知几多人心系着的来车居然到了，闷闷的一个车站就一变而为扰扰的境界。来客的安心，候客者的快意，以及脚夫的小小发财，我们且都不提，单讲一位从让里来的潘先生。他当火车没有驶进月台之先，早已安排得十分周妥：他领头，右手提着个黑漆皮包，左手牵着个七岁的孩子，七岁的孩子牵着他哥哥（今年九岁），哥哥又牵着他母亲。潘先生说人多照顾不齐，这么牵着，首尾一气，犹如一条蛇，什么地方都好钻了。他又屡次叮嘱，叫大家握得紧紧，切勿放手；尚恐大家万一忘了，又屡次摇荡他的左手，意思是叫把这警告打电报一般一站一站递过去。

首尾一气诚然不错，可是也不能全然没有弊病。火车将停时，所有的客人和东西都要拥向车门，潘先生一家的那条"蛇"就有点儿尾大不掉了。他用黑漆皮包作前锋，胸腹部用力向前抵，居然进展到距车门只两个窗洞的地位。但是他的七岁的孩子还在距车门四个窗洞的地方，被挤在好些客人和座椅之间，一动不能动；两臂一前一后，伸得很长，前后的牵引力都很大，似乎快要把胳臂拉了去的样子。他急得直喊："啊！我的胳臂！我的胳臂！"

一些客人听见了带哭的喊声，方才知道腰下挤着个孩子；留心一看，见他们四个人一串，手拉手牵着。一个客人呵斥

葉聖陶

叶圣陶（1894.10.28—1988.2.16），著名文学家、教育家、编辑家和社会活动家。原名叶绍钧，字秉臣，江苏苏州人。早年任小学教师，并参加新潮社和文学研究会。1923 年起从事编辑出版工作，曾任商务印书馆、开明书店编辑，主编过《文学周报》《小说月报》《中学生》等多种重要刊物。1949 年后，历任出版总署副署长兼编审局局长、教育部副部长兼人民教育出版社社长和总编辑、中央文史研究馆馆长等职。创作方面，20 世纪 20 年代陆续出版了《隔膜》《火灾》《线下》等短篇小说集以及长篇小说《倪焕之》，深刻地反映社会现实，呈现出朴实隽永的艺术格调。抗日战争爆发后，辗转到四川工作和生活，写作以散文和文艺评论为主。他的散文感情朴实，意趣隽永，代表作有《藕与莼菜》《牵牛花》《春联儿》等。叶圣陶还是中国现代童话创作的拓荒者。他的童话构思新颖独特，描写细腻逼真，富于现实内蕴。鲁迅先生说，叶圣陶的“《稻草人》是给中国的童话开了一条自己创作的路的”。此外，他还编辑过几十种中小学语文教科书，出版了不少诗集、评论集和论著。

1943年初春，抗战期间，叶圣陶与夫人胡墨林拍摄于成都新西门外罗家碾住所外的小溪边。

中華民國二十年十二月念八日　文藝新聞　星期一　（第二版）

反帝!!!抗日!!!

文化人的大聯盟

▼在侵略加緊中　▼在外交屈辱中

拿筆桿兒的，起來！

離開終日伏坐的案頭，

一致的！往烽火的前陣——

日帝國主義對我進攻的愈益加緊，統治者不但外交屈辱，覥顏事仇，而且還帮着帝國主義者，壓迫怒潮澎湃的民衆反帝運動。在這急迫的形勢底下，上海文化界中多數純正優秀的分子，感得有堅強的組織、作積極的行動之必要，特發起組織文化界反帝抗日聯盟，於本月十九日在四川路青年會會食堂舉會，到者有：

夏丏尊、周建人、胡愈之、傅東華、葉紹鈞、郁達夫、鄧初民、武育幹、方光燾、丁　玲、適　夷、何　畏、蓬　子、徐調孚、沈起予、穆木天、張栗原、袁　殊、張天翼、鄭伯奇、楊　騷、章克標、陳高傭、周伯勛、顧鳳城、李白英，等

許多平時冷淡於團體的文化界幾位前輩先生，均興奮熱烈，發言甚多，咸以在反帝抗日這目標，處於社會領導地位之文化界，實有團結一致，集合一致的意志、一致的目標，作一致行動之必要。決議聯盟的任務，爲團結全國文化界，作反帝抗日之文化的運動，及聯絡國際反帝組織。綱領七條，爲：

一、反對帝國主義對我經濟文化政治軍事的侵略，尤其是目前日本帝國主義的武力侵略行爲；

一、反對依附帝國主義的一切勢力，及其對反帝抗日運動的壓迫；

一、主張廢除一切公開秘密的外交上的不平等條約；

□北國風景□

本報熱河記者寄　長途——

1931 年“九·一八”事变后，叶圣陶发起成立了“文化界反帝抗日大联盟”，全身心投入到抗日救亡活动中。

出版声明

由于时代关系，本文库收录的作品，有些词语、计量单位、标点符号等与现在的用法不尽一致。为了保留作品的原汁原味，本文库对上述地方一般不做改动。同时，因本文库所面对的读者多为青少年，故对原文中部分与现代汉语规范严重不符进而影响阅读的地方做了细微的改动或加以注释，特此声明。

序　言

他一辈子都热爱孩子

叶小沫

（叶圣陶孙女、原《中国少年报》主编）

亲爱的小读者，在你们翻开“叶圣陶青少年文库”这套书的时候，我想和你们说说叶圣陶先生。你们也许会说：“我们知道，我们知道。我们学过他写的儿歌《小小的船》，我们学过他写的散文《荷花》，我们读过他写的童话《稻草人》……”是啊，是啊，不只是你们，回去问问你们的爸爸妈妈、爷爷奶奶，他们也都知道叶老先生呢。他们还会告诉你们，他们小的时候就学过他编的课本，看过他写的书，受到过他的教育。你们也许会问，这是真的吗？难道他比爷爷奶奶的岁数还要大？你们说得没错，如果叶老先生还活着，2014年刚好一百二十岁了。说到这儿，你们是不是有点儿想知道，他究竟是个什么样的人呢？是不是有点儿想知道，为什么直到今天还会有那么多的人在读他的书呢？那就听我说说吧。

叶老先生是江苏苏州人。他小的时候，家里虽然比较穷，但他父亲还是坚持送他去读书。在上中学的时候，他和同学们就非常关心国家大事，盼望着孙中山先生领导的革命能够成功。辛亥革命的第二年，叶老先生中学毕业，那一年他十八岁。因为家境不好，他要工作，要挣钱养家。和当时许多年轻人一样，他很想为国家干一些大事情，但校长却介绍他去当小学教员，并告诉他，要使国家强盛起来，一定要从教育人才做起。经过几年的磨炼，他真正爱上了教师这份工作。

在当教师的同时，叶老先生开始在报纸和期刊上发表文章，其中有不少是文学作品，包括诗歌、童话、散文和小说。后来他当了编辑，编辑的书籍和刊物，大多仍然是给儿童和青少年看的。他通过书籍和刊物，引导和鼓舞一代又一代年轻人与反动势力做斗争，引导他们选择正确的人生道路。

新中国成立以后，叶老先生主要负责中学和小学教科书的编辑和出版工作。在那十几年里，每个孩子手中的课本，都是经过他和他的同事们认真编排的，为了这件事，他倾注了大量的心血。叶老先生一辈子都热爱和关心孩子，都热爱和关心教育事业，直到九十多岁了，还在为孩子们的事情操心，非常恳切地为教育改革提出他的意见。

2014年的十月二十八日，是叶圣陶先生诞辰一百二十周年纪念日。为了纪念这位中国的教育家和作家，为了向青少年朋友介绍他写的儿童文学作品，上海采芹人文化传播有限公司与安徽少年儿童出版社联合策划出版了这套“叶圣陶青少年文库”。他们从叶老先生的作品中，精心挑选了适合八至十五岁青少年阅读的童话、小说、散文、随笔和诗歌，编成了十本集子。童话有《玫瑰和金鱼》和《稻草人》两本，共收录童话三十七篇；小说有《小铜匠》《潘先生在难中》和《友谊》三本，共收录小说三十三篇；散文有《没有秋虫的地方》《我坐了木船》和《一个少年的笔记》三本，共收录散文七十九篇;《假如我有一个弟弟》收录随笔二十五篇;《蒲公英》收录诗歌六十三首。文库所包含的叶老先生的儿童文学作品，方面之全、内容之广以及篇目数量之多，都是这些年来出版的叶老先生的儿童文学作品中少有的，确实称得上是一个叶圣陶的青少年文库了。小读者可以根据自己的年龄、自己的爱好、自己的理解能力，从中选择适合自己阅读的作品来看。如果能静下心来慢慢地读，相信一定会有收获。

我还想告诉小读者，叶老先生当过教师，他了解孩子，知道孩子喜欢看些什么，好些作品写的就是孩子的事儿，所以你们在看他的书的时候，会感到很亲切。可是不能忘了，他的好多作品是在旧社会写的，那个时代离我们太远了，很多情景是你们怎么也想象不出、理解不了的。这时候就得请爸爸妈妈、爷爷奶奶和老师来帮忙了，他们或许可以帮助你们解读在阅读的时候所遇到的问题。

最后，让我们一起来感谢编辑大朋友们吧，感谢他们编了这样一套精美的“叶圣陶青少年文库”！

2014 年 6 月 30 日

目　录

道：“赶快放手；要不然，把孩子拉作两半了！”

“怎么的？孩子不抱在手里！”又一个客人用鄙夷的声气自语，一方面他仍注意在攫得向前行进的机会。

“不！”潘先生心想他们的话不对，牵着自有牵着的妙用；再转一念，妙用岂是人人能够了解的，向他们辩白，也不过徒费唇舌，不如省些精神吧，就把以下的话咽了下去。而七岁的孩子还是“胳臂！胳臂！”地喊着。潘先生前进后退都没有希望，只得自己失约，先放了手，随即惊惶地发命令道：“你们看着我！你们看着我！”

车轮一顿，在轨道上站定了；车门里弹出去似的跳下了许多人。潘先生觉得前头松动了些；但是后面的力量突然增加，他的脚做不得一点主，只得向前推移；要回转头来招呼自己的队伍，也不得自由，于是对着前面的人的后脑叫喊：“你们跟着我！你们跟着我！”

他居然从车门里被弹出来了。旋转身子一看，后面没有他的儿子同夫人，心知他们还挤在车中，守住车门老等总是稳当的办法。又下来了百多人，方才看见人丛中现出七岁孩子的上半身，承着电灯光，面目作哭泣的形相。他走前去，几次被跳下来的客人冲回，才用左臂把孩子抱了下来。再等了一会儿，潘师母同九岁的孩子也下来了；她吁吁地呼着气，连喊“哎哟，哎哟”，凄然的眼光向着潘先生的脸，似乎要求抚慰的孩子。

潘先生到底镇定，看见自己的队伍全下来了，重又发命令道：“我们仍旧像刚才一样连起来。你们看月台上的人这么多，收票处又挤得厉害，要不是连着，就走散了！”

七岁的孩子觉得害怕，拦住他的膝头说：“爸爸，抱。”

“没用的东西！”潘先生颇有点儿愤怒，但随即忍住，蹲下身子把孩子抱了起来，同时关照大的孩子拉着他的长衫的后幅，一手要紧紧牵着母亲，因为他自己两只手都不空了。

潘师母从来不曾受过这样的困累，好容易下了车，却还有可怕的拥挤在前头，不禁发怨道：“早知道这样子，宁可死在家里，再也不要逃难了！”

“悔什么！”潘先生一半发气，一半又觉得怜惜，“到了这里，懊悔也是没用。并且，性命到底安全了。走吧，当心脚下。”于是四个一串向人丛中蹒跚地移过去。

一阵的拥挤，潘先生像在梦里似的，出了收票处的隘口。他仿佛急流里的一滴水滴，没有回旋转侧的余地，只有顺着大家的势，脚不点地地走。一会儿他们已经出了车站的铁栅栏，跨过了电车轨道，来到水门汀的人行道上；慌忙地回转身来，只见数不清的给电灯光耀得发白的面孔以及数不清的提

箱与包裹，一齐向自己这边拥来，忽然觉得长衫后幅上的小手没有了，不知什么时候放了的；心头怅惘到不可言说，只是无意识地把身子乱转；转了几回，一丝踪影也没有。家破人亡之感立时袭进他的心，禁不住渗出两滴眼泪来，望出去电灯人形都有点儿模糊了。

幸而抱着的孩子眼光敏锐，他瞥见母亲疏疏的额发，便认识了，举起手来指点着："妈妈，那边。"

潘先生一喜，但是还有点儿不大相信，眼睛凑近孩子的衣衫擦了擦，然后望去。搜寻了一会儿，果然看见他的夫人呆鼠一般在人丛中瞎撞，前面护着那大的孩子，他们还没跨过电车轨道呢。他便向前迎上去，连喊"阿大"，把他们引到刚才站定的人行道上。于是放下手中的孩子，舒畅地吐一口气，一手抹着脸上的汗说："现在好了！"的确好了，只要跨出那一道铁栅栏，就有人保险，什么兵火焚掠都遭逢不到；而已经散失的一妻一子，又幸运得很，一寻即着：岂不是四条性命，一个皮包，都从毁灭和危难之中捡了回来么？岂不是"现在好了"？

"黄包车！"潘先生很入调地喊。

车夫们听见了，一齐拉着车围拢来，问他到什么地方。

他稍微昂起了头，似乎增加了好几分威严，伸出两个指

头扬着说：“只消两辆！两辆！”他想了一想，继续说，“十个铜子，四马路，去的就去！”这分明表示他是个“老上海”。

辩论了好一会儿，终于讲定十二个铜子一辆。潘师母带着大的孩子坐一辆，潘先生带着小的孩子同黑漆皮包坐一辆。

车夫刚要拔脚前奔，一个背枪的印度巡捕一条胳臂在前面一横，只得缩住了。小的孩子看这个人的形相可怕，不由得回过脸来，贴着父亲的胸际。

潘先生领悟了，连忙解释道：“不要害怕，那就是印度巡捕，你看他的红包头。我们因为本地没有他，所以要逃到这里来；他背着枪保护我们。他的胡子很好玩的，你可以看一看，同罗汉的胡子一个样子。”

孩子总觉得怕，便是同罗汉一样的胡子也不想看。直到听见当当的声音，才从侧边斜睨过去，只见很亮很亮的一个房间一闪就过去了；那边一家家都是花花灿灿的，灯点得亮亮的，他于是不再贴着父亲的胸际。

到了四马路，一连问了八九家旅馆，都大大的写着“客满”的牌子；而且一望而知情商也没用，因为客堂里都搭起床铺，可知确实是住满了。最后到一家也标着“客满”，但是一个伙计懒懒地开口道：“找房间么？”

“是找房间，这里还有么？”一缕安慰的心直透潘先生的周身，仿佛到了家似的。

“有是有一间，客人刚刚搬走，他自己租了房子了。你先生若是迟来一刻，说不定就没有了。”

“那一间就归我们住好了。”他放了小的孩子，回身去扶下夫人同大的孩子来，“我们总算运气好，居然有房间住了！”随即付车钱，慷慨地照原价加上一个铜子；他相信运气好的时候多给人一些好处，以后好运气会连续而来的。但是车夫偏不知足，说跟着他们回来回去走了这多时，非加上五个铜子不可。结果旅馆里的伙计出来调停，潘先生又多破费了四个铜子。

这房间就在楼下，有一张床、一盏电灯、一张桌子、两把椅子，此外就只有烟雾一般的一房间的空气了。潘先生一家跟着茶房走进去时，立刻闻到刺鼻的油腥味，中间又混着阵阵的尿臭。潘先生不快地自语道：“讨厌的气味！”随即听见隔壁有食料投下油锅的声音，才知道那里是厨房。再一想时，气味虽讨厌，终究比吃枪子睡露天好多了，也就觉得没有什么，舒舒泰泰地在一把椅子上坐下。

“用晚饭吧？”茶房放下皮包回头问。

“我要吃火腿汤淘饭。”小的孩子咬着指头说。

潘师母马上对他看个白眼，凛然说：“火腿汤淘饭！是逃

难呢，有的吃就好了，还要这样那样点戏！”

大的孩子也不知道看看风色，央着潘先生说：“今天到上海了，你给我吃大菜。”

潘师母竟然发怒了，她回头呵斥道：“你们都是没有心肝的，只配什么也没的吃，活活地饿……”

潘先生有点儿窘，却作没事的样子说：“小孩子懂得什么。”便吩咐茶房道，“我们在路上吃了东西了，现在只消来两客蛋炒饭。”

茶房似答非答地一点头就走，刚出房门，潘先生又把他喊回来道：“带一斤绍兴，一毛钱熏鱼来。”

茶房的脚声听不见了，潘先生舒快地对潘师母道：“这一刻该得乐一乐，喝一杯了。你想，从兵祸凶险的地方，来到这绝无其事的境界，第一件可乐。刚才你们忽然离开了我，找了半天找不见，真把我急死了；倒是阿二乖觉（他说着，把阿二拖在身边，一手轻轻地拍着），他一眼便看见了你，于是我迎上来，这是第二件可乐。乐哉乐哉，陶陶酌一杯。”他作举杯就口的样子，迷迷地笑着。

潘师母不响，她正想着家里呢。细软虽然已经带在皮包里，寄到教堂里去了，但是留下的东西究竟还不少。不知王妈到底可靠不可靠；又不知隔壁那家穷人家有没有知道他们一家都出来了，只剩个王妈在家里看守；又不知王妈睡觉时，会不会忘了关上一扇门或是一扇窗。她又想起院子里的三只母鸡，没有完工的阿二的裤子，厨房里的一碗白熝鸭……真同通了电一般，一刻之间，种种的事情都涌上心头，觉得异样地不舒服，便叹口气道："不知弄到怎样呢！"

两个孩子都怀着失望的心情，茫昧地觉得这样的上海没有平时父母嘴里的上海来得好玩而有味。

疏疏的雨点从窗外洒进来，潘先生站起来说："果真下雨了，幸亏在这时候下。"就把窗子关上。突然看见原先给窗子掩没的旅客须知单，他便想起一件顶紧要的事情，一眼不眨地直望那单子。

"不折不扣，两块！"他惊讶地喊。回转头时，眼珠瞪视着潘师母，一段舌头从嘴里伸了出来。

二

第二天早上，走廊中茶房们正蜷在几条长凳上熟睡，狭得只有一条的天井上面很少有晨光透下来，房间里的电灯还是昏黄地亮着。但是潘先生夫妇两个已经在那里谈话了；两个孩子希望今天的上海或许比昨晚的好一点，也醒了一会儿了，

只因父母叫他们再睡一会儿，所以还躺在床上，彼此呵痒为戏。

“我说你一定不要回去，”潘师母焦心地说，“这报上的话，知道它靠得住靠不住的。既然千难万难地逃了出来，哪有立刻又回去的道理！”

“料是我早先也料到的。顾局长的脾气就是一点不肯马虎。‘地方上又没有战事，学自然照常要开的。’这句话确然是他的声口。这个通信员我也认识，就是教育局里的职员，又哪里会靠不住？回去是一定要回去的。”

“你要晓得，回去危险呢！”潘师母凄然地说，“说不定三天两天他们就会打到我们那地方去，你就是回去开学，有什么学生来念书？就是不打到我们那地方，将来教育局长怪你为什么不开学时，你也有话回答。你只要问他，到底性命要紧还是学堂要紧？他也是一条性命，想来决不会对你过不去。”

“你懂得什么！”潘先生颇怀着鄙薄的意思，“这种话只配躲在家里，伏在床角里，由你这种女人去说；你道我们也说得出口么！你切不要拦阻我（这时候他已转为抚慰的声调），回去是一定要回去的；但是包你没有一点危险，我自有保全自己的法子。而且（他自喜心思灵敏，微微笑着），你不是很不放心家里的东西么？我回去了，就可以自己照看，你也能定心定意住在这里了。等到时局平定了，我马上来接你们回去。”

潘师母知道丈夫的回去是万无挽回的了。回去可以照看东西固然很好，但是风声这样紧，一去之后，犹如珠子抛在海里，谁保得定必能捞回来呢！生离死别的哀感涌上心头，她再不敢正眼看她的丈夫，眼泪早在眼角边偷偷地想跑出来了。她又立刻想起这个场面不大吉利，现在并没有什么不好的事情，怎么能凄惨地流起眼泪来。于是勉强忍住眼泪，聊作自我安慰地请求道：“那么你去看看情形，假使教育局长并没有照常开学这句话，要是还来得及，你就搭了今天下午的车来，不然，搭了明天的早车来。你要知道（她到底忍不住，一滴眼泪落在手背，立刻在衫子上擦去了），我不放心呢！”

潘先生心里也着实有点儿烦乱，局长的意思照常开学，自己万无主张暂缓开学之理，回去当然是天经地义，但是又怎么放得下这里！看他夫人这样的依依之情，断然一走，未免太没有恩义。又况一个女人两个孩子都是很懦弱的，一无依傍，寄住在外边，怎能断言决没有意外？他这样想时，不禁深深地发恨：恨这人那人调兵遣将，预备作战，恨教育局长主张照常开课，又恨自己没有个已经成年、可以帮助一臂的

儿子。

但是他究竟不比女人，他更从利害远近种种方面着想，觉得回去终于是天经地义，便把恼恨搁在一旁，脸上也不露一毫形色，顺着夫人的口气点头道：“假若打听明白局长并没有这个意思，依你的话，就搭了下午的车来。”

两个孩子约略听得回去和再来的话，小的就伏在床沿作娇道：“我也要回去。”

“我同爸爸妈妈回去，剩下你独个儿住在这里。”大的孩子扮着鬼脸说。

小的听着，便迫紧喉咙叫唤，作啼哭的腔调，小手擦着眉眼的部分，但眼睛里实在没有眼泪。

“你们都跟着妈妈留在这里。”潘先生提高了声音说，“再不许胡闹了，好好儿起来等吃早饭吧。”说罢，又嘱咐了潘师母几句，径出雇车，赶往车站。

模糊地听得行人在那里说铁路已断火车不开的话，潘先生想：“火车如果不开，倒死了我的心，就是立刻免职也只得由他了。”同时又觉得这消息很使他失望；又想他要是运气好，未必会逢到这等失望的事，那么行人的话也未必可靠。欲绝此疑，只希望车夫三步并作一步跑。

他的运气果然不坏，赶到车站一看，并没有火车不开的通告；揭示处只标明夜车要迟四点钟才到，这时候还没到呢。买票处绝不拥挤，时时有一两个人前去买票。聚集在站中的人却不少，一半是候客的，一半是来看看的，也有带着照相器具的，专等夜车到时摄取车站拥挤的情形，好作《风云变幻史》的一页。行李房满满地堆着箱子铺盖，各色各样，几乎碰到铅皮的屋顶。

他心中似乎很安慰，又似乎有点儿怅惘，顿了一顿，终于前去买了一张三等票，就走入车厢里坐着。晴明的阳光照得一车通亮，可是不嫌燠热；座位很宽舒，勉强要躺躺也可以。他想："这是难得逢到的。倘若心里没有事，真是一趟愉快的旅行呢。"

这趟车一路耽搁，听候军人的命令，等待兵车的通过。

开到让里，已是下午三点过了。潘先生下了车，急忙赶到家，看见大门紧紧关着，心便一定，原来昨天再三叮嘱王妈的就是这一件。

扣了十几下，王妈方才把门开了。一见潘先生，出惊地说："怎么，先生回来了！不用逃难了么？"

潘先生含糊回答了她；奔进里面四周一看，便开了房门的锁，直闯进去上下左右打量着。没有变更，一点儿没有变更，什么都同昨天一样。于是他吊起的半个心放下来了。

还有半个心没放下，便又锁上房门，回身出门，吩咐王妈道：“你照旧好好儿把门关上了。”

王妈摸不清头绪，关了门进去只是思索。她想主人们一定就住在本地，恐怕她也要跟去，所以骗她说逃到上海去。“不然，怎么先生又回来了？奶奶同两个孩子不同来，又躲在什么地方呢？但是，他们为什么不让我跟去？这自然嫌得人多了不好。——他们一定就住在那洋人的红房子里，那些兵都讲通的，打起仗来不打那红房子。——其实就是老实告诉我，要我跟去，我也不高兴去呢。我在这里一点儿也不怕；如果打仗打到这里来，反正我的老衣早就做好了。”她随即想起甥女送她的一双绣花鞋真好看，穿了那双鞋上西方，阎王一定另眼相看。于是她感到一种微妙的舒快，不再想主人究竟在哪里的问题。

潘先生出门，就去访那当通信员的教育局职员，问他局长究竟有没有照常开学的意思。那人回答道：“怎么没有？他还说有些教员只顾逃难，不顾职务，这就是表示教育的事业不配他们干的；乘此淘汰一下也是好事。”潘先生听了，仿佛觉得一凛；但又赞赏自己有主意，决定从上海回来到底是不错的。一口气奔到自己的学校里，提起笔来就起草送给学生家属的通告。通告中说兵乱虽然可虑，子弟的教育犹如布帛菽粟，是一天一刻不可废弃的，现在暑假期满，学校照常开学。从前欧洲大战的时候，人家天空里布着预防炸弹的网，下面学校里却依然在那里上课，这种非常的精神，我们应当不让他们专美于前。希望家长们能够体谅这一层意思，若无其事地依旧把子弟送来：这不仅是家庭和学校的益处，也是地方和国家的荣誉。

他起好草稿，往复看了三遍，觉得再没有可以增损，局长看见了，至少也得说一声“先得我心”；便得意地誊上蜡纸，又自己动手印刷了百多张，派校役向一个个学生家里送去。公事算是完毕了，开始想到私事：既要开学，上海是去不成了，他们母子三个住在旅馆里怎么挨得下去！但也没有办法，唯有叫他们一切留意，安心住着。于是蘸着刚才的残墨写寄与夫人的信。

下一天，他从茶馆里得到确实的信息，铁路真个不通了。他心头突然一沉，似乎觉得最亲热的一妻两儿忽地乘风飘去，飘得很远，几乎至于渺茫。没精没采地踱到学校里，校役回报昨天的使命道：“昨天出去送通告，有二十多家关上了大门，打也打不开，只好从门缝里塞进去。有三十多家只有佣人在家里，主人逃到上海去了，孩子当然跟了去，不一定几时才能回来念书。其余的都说知道了；有的又说性命还保不定安

全，读书的事再说吧。”

“哦，知道了。”潘先生并不留心在这些上边，更深的忧虑正萦绕在他的心头。他抽完了一支烟卷以后，应走的路途决定了，便赶到红十字会分会的办事处。

他缴纳会费愿做会员，又宣称自己的学校房屋还宽敞，愿意作为妇女收容所，到万一的时候收容妇女。这是慈善的举措，当然受热忱的欢迎，更兼潘先生本来是大家知道的体面的人物。办事处就给他红十字的旗子，好在学校门前张起来；又给他红十字的徽章，标明他是红十字会的一员。

潘先生接旗子和徽章在手，像捧着救命的神符，心头升起一种神秘的快慰。“现在什么都安全了！但是……”想到这里，便笑向办事处的职员道：“多给我一面旗，几个徽章罢。”他的理由是学校还有个侧门，也得张一面旗，而徽章这东西太小巧，恐怕偶尔遗失了，不如多备几个在那里。

办事员同他说笑话，这东西又不好吃的，拿着玩也没有什么意思，多拿几个也只作一个会员，不如不要多拿罢。但是终于依他的话

给了他。

两面红十字旗立刻在新秋的轻风中招展，可是学校的侧门上并没有旗，原来移到潘先生家的大门上去了。一个红十字徽章早已缀上潘先生的衣襟，闪耀着慈善庄严的光，给予潘先生一种新的勇气；其余几个呢，重重包裹，藏在潘先生贴身小衫的一个口袋里。他想："一个是她的，一个是阿大的，一个是阿二的。"虽然他们远在那渺茫难接的上海，但是仿佛给他们加保了一重险，他们也就各各增加一种新的勇气。

三

碧庄地方两军开火了。

让里的人家很少有开门的，店铺自然更不用说，路上时时有兵士经过。他们快要开拔到前方去，觉得最高的权威附灵在自己身上，什么东西都不在眼里，只要高兴提起脚来踩，都可以踩作泥团踩作粉。这就来了拉夫的事情：恐怕被拉的人乘隙脱逃，便用长绳一个连一个拴着胳臂，几个弟兄在前，几个弟兄在后，一串一串牵着走。因此，大家对于出门这件事都觉得危惧，万不得已时，也只从小巷僻路走，甚至佩着红十字徽章如潘先生之辈，也不免怀着戒心，不敢大模大样

地踱来踱去。于是让里的街道显得又清静又宽阔了。

上海的报纸好几天没来。本地的军事机关却常常有前方的战报公布出来，无非是些“敌军大败，我军进展若干里”的话。街头巷尾贴出一张新鲜的战报时，也有些人慢慢聚拢来，注目看着。但大家看罢以后依然不能定心，好似这布告背后还有许多话没说出来，于是怅怅地各自散了，眉头照旧皱着。

这几天潘先生无聊极了。最难堪的，自然是妻儿远离，而且消息不通，而且似乎有永远难通的征兆。次之便是自身的问题，“碧庄冲过来只一百多里路，这徽章虽说有用处，可是没有人写过笔据，万一没有用，又向谁去说话？——枪子炮弹劫掠放火都是真家伙，不是耍的，到底要多打听、多走门路才行。”他于是这里那里探听前方的消息，只要这消息与外间传说的不同，便觉得真实的成分越多，即根据着盘算对于自身的利害。街上如有一个人神色仓皇急忙行走时，他便突地一惊，以为这个人一定探得确实而又可怕的消息了，只因与他不相识，“什么！”一声就在喉际咽住了。

红十字会派人在前方办理救护的事情，常有人搭着兵车回来，要打听消息自然最可靠了。潘先生虽然是个会员，却不常到办事处去探听，以为这样就是对公众表示胆怯，很不好意思。然而红十字会究竟是可以得到真消息的机关，舍此他求未免有点儿傻，于是每天傍晚到姓吴的办事员家里去打听。姓吴的告诉他没有什么，或者说前方抵住在那里，他才透了口气回家。

这一天傍晚，潘先生又到姓吴的家里；等了好久，姓吴的才从外面走进来。

“没有什么吧？”潘先生急切地问，“照布告上说，昨天正向对方总攻击呢。”

“不行。”姓吴的忧愁地说，但随即咽住了，捻着唇边仅有的几根二三分长的髭须。

“什么！”潘先生心头突地跳起来，周身有一种拘牵、不自由的感觉。

姓吴的悄悄地回答，似乎防着人家偷听了去的样子：“确实的消息，正安（距碧庄八里的一个镇）今天早上失守了！”

“啊！”潘先生发狂似的喊出来。顿了一顿，回身就走，一壁说道：“我回去了！”

路上的电灯似乎特别昏暗，背后又仿佛有人追赶着的样子，惴惴地，歪斜的急步赶到了家，叮嘱王妈道：“你关着门安睡好了，我今夜有事，不回来住了。”他看见衣橱里有一件绉纱的旧棉袍，当时没收拾在寄出去的箱子里，丢了也可惜；

又有孩子的几件布夹衫，仔细看时还可以穿穿；又有潘师母的一条旧绸裙，她不一定舍得便不要它，便胡乱包在一起，提着出门。

“车！车！福星街红房子，一毛钱。”

“哪里有一毛钱的？”车夫懒懒地说，“你看这几天路上有几辆车？不是拼死寻饭吃的，早就躲起来了。随你要不要，三毛钱。”

“就是三毛钱，”潘先生迎上去，跨上脚踏坐稳了，“你也得依着我，跑得快一点儿！”

“潘先生，你到哪里去？”一个姓黄的同业在途中瞥见了他，站定了问。

“哦，先生，到那边……”潘先生失措地回答，也不辨问他是谁；忽然想起回答那人简直是多事——车轮滚得绝快，那人决不会赶上来再问——便缩住了。

红房子里早已住满了人，大都是十天以前就搬来的，儿啼人语，灯火这边那边亮着，颇有点儿热闹的气象。主人翁见面之后，说：“这里实在没有余屋了。但是先生的东西都寄在这里，也不好拒绝。刚才有几位匆忙地赶来，也因不好拒绝，权且把一间作厨房的厢房让他们安顿。现在去同他们商量，总可以多插你先生一个。”

“商量商量总可以。”潘先生到了家似的安慰，“何况在这样时候，我也不预备睡觉，随便坐坐就得了。”

他提着包裹跨进厢房的当儿，以为自己受惊太厉害了，眼睛生了翳，因而引起错觉；但是闭一闭眼睛再睁开来时，所见依然如前：这靠窗坐着，在那里同对面的人谈话，上唇翘起两笔浓须的，不就是教育局长么？

他顿时踌躇起来，已跨进去的一只脚想要缩出来，又似乎不大好。那局长也望见了他，尴尬的脸上故作笑容说：“潘先生，你来了，进来坐坐。”主人翁听了，知道他们是相识的，转身自去。

“局长先在这里了。还方便吧，再容一个人？”

“我们只三个人，当然还可以容你。我们带着席子，好在天气不很凉，可以轮流躺着歇歇。”

潘先生觉得今晚上局长特别可亲，全不像平日那副庄严的神态，便忘形地直跨进去说：“那么不客气，就要陪三位先生过一夜了。”

这厢房不很宽阔。地上铺着一张席子，一个戴眼镜的中年人坐在上面，略微有疲倦的神色，但绝无欲睡的意思。

锅灶等东西贴着一壁。靠窗一排摆着三只凳子，局长坐一只，头发梳得很光的二十多岁的人，局长的表弟，坐一只，

一只空着。那边的墙角有一只柳条箱，三个衣包，大概就是三位先生带来的。仅仅这些，房间里已没有空地了。电灯的光本来很弱，又蒙上了一层灰尘，照得房间里的人物都昏暗模糊。

潘先生也把衣包放在那边的墙角，与三位的东西合伙，回过来谦逊地坐上那只空凳子。局长给他介绍了自己的同伴，随后说：“你也听到了正安的消息么？”

“是呀，正安。正安失守，碧庄未必靠得住呢。”

“大概这方面对于南路很疏忽，正安失守，便是明证。那方面从正安袭取碧庄是最便当的，说不定此刻已被他们得手了。要是这样，不堪设想！”

“要是这样，这里非糜烂不可！”

“但是，这方面的杜统帅不是庸碌无能的人，他是著名善于用兵的，大约见得到这一层，总有方法抵挡得住。也许就此反守为攻，势如破竹，直捣那方面的巢穴呢。”

“若能这样，战事便收场了，那就好了！——我们办学的就可以开起学来，照常进行。”

局长一听到办学，立刻感到自己的尊严，捻着浓须叹道：“别的不要讲，这一场战争，大大小小的学生吃亏不小呢！”他把坐在这间小厢房里的局促不舒的感觉忘了，仿佛堂皇地坐在教育局的办公室里。

坐在席子上的中年人仰起头来含恨似的说："那方面的朱统帅实在可恶！这方面打过去，他抵抗些什么——他没有不终于吃败仗的。他若肯漂亮点儿让了，战事早就没有了。"

"他是傻子，"局长的表弟顺着说，"不到尽头不肯死心的。只是连累了我们，这当儿坐在这又暗又窄的房间里。"他带着玩笑的神气。

潘先生却想念起远在上海的妻儿来了。他不知道他们可安好，不知道他们出了什么乱子没有，不知道他们此刻睡了不曾，抓既抓不到，想象也极模糊；因而想自己的被累要算最深重了，凄然望着窗外的小院子默不作声。

"不知道到底怎么样呢！"他又转而想到那个可怕的消息以及意料所及的危险，不自主地吐露了这一句。

"难说，"局长表示富有经验的样子说，"用兵全在趁一个机，机是刻刻变化的，也许竟不为我们所料，此刻已……所以我们……"他对着中年人一笑。

中年人，局长的表弟同潘先生三个已经领会局长这一笑的意味；大家想坐在这地方总不至于有什么，也各安慰地一笑。

小院子里长满了草，是蚊虫同各种小虫的安适的国土。

厢房里灯光亮着，虫子齐飞了进来。四位怀着惊恐的先生就够受用了；扑头扑面的全是那些小东西，蚊虫突然一针，痛得直跳起来；又时时停语侧耳，惶惶地听外边有没有枪声或人众的喧哗；睡眠当然是无望了，只实做了局长所说的轮流躺着歇歇。

下一天清晨，潘先生的眼球上添了几缕红丝；风吹过来，觉得身上很凉。他急欲知道外面的情形，独个儿闪出红房子的大门。路上同平时的早晨一样，街犬竖起了尾巴，高兴地这头那头望，偶尔走过一两个睡眼惺忪的人。他走过去，转入又一条街，也听不见什么特别的风声。回想昨夜的匆忙情形，不禁心里好笑。但是再一转念，又觉得实在并无可笑，小心一点儿总比冒险好。

四

二十余天之后，战事停止了。大众点头自我安慰道：“这就好了！只要不打仗，什么都平安了！”但是潘先生还不大满意，铁路还没通，不能就把避居上海的妻儿接回来。信是来过两封了，但简略得很，比不看更叫他想念。他又恨自己到底没有先见之明；不然，这一笔冤枉的逃难费可以省下，又免得几十天的孤单。

他知道教育局里一定要提到开学的事情了，便前去打听。跨进招待室，看见局里的几个职员在那里裁纸磨墨，像是办喜事的样子。

一个职员喊道："巧得很，潘先生来了！你写得一手好字，这个差使就请你当了吧。"

"这么大的字，非得潘先生写不可。"其余几个人附和着。

"写什么东西？我完全茫然。"

"我们这里正筹备欢迎杜统帅凯旋的事务。车站的两头要搭起四个彩牌坊，让杜统帅的花车在中间通过。现在要写的就是牌坊上的几个字。"

"我哪里配写这上边的字？"

"当仁不让。""一致推举。"几个人一哄地说。笔杆便送到潘先生手里。

潘先生觉得这当儿很有点儿意味，接了笔便在墨盆里蘸墨汁。凝想一下，提起笔来在蜡笺上一并排写"功高岳牧"四个大字。第二张写的是"威镇东南"。又写第三张，是"德隆恩溥"。——他写到"溥"字，仿佛看见许多影片，拉夫、开炮、焚烧房屋、奸淫妇人、菜色的男女、腐烂的死尸，在眼前一闪。

旁边看写字的一个人赞叹说："这一句更见恳切。字也越来越好了。"

"看他对上一句什么。"又一个说。

1924年11月27日写毕

城　　中

火车行得缓些了，准备作暂时的休息。有些旅客站起来，或者取下头顶搁着的提箱，或者整理座旁的包裹，或者穿起长衫和玄纱马褂；有些妇女打开那不离手的小皮匣，对着里面的镜子照了一照，取出粉纸来在额上脸上只是揩抹，接着又是转侧地照个不歇。

旅客们从左面的车窗望出去，在丛丛浓树之中，一抹城墙低低地露了出来。城墙以内耸起一座高塔，画栏檐铎，约略可以辨认。这在旅客们虽然未必是初见，但是有些人认作到达的标记，有些人认作行程的度量，更有些人重现他们儿童时期的好奇心，便相与指点着说："塔！塔！"

窗外拂过一丛绿树，一阵蝉声送到旅客们的耳朵里。这可见车行更缓了。不一刻，便驶进站台，强固地停着。

一个人从车厢里跨下来，躯干很高，挺挺的，有豪爽的气概，年纪在三十左右，帽檐下一双眼睛放出锐敏的光。他只夹着一个皮书包，不需要夫役帮助，也不像其他旅客那么慌忙，在一忽儿扰攘起来的站台上，犹如小鸟啁啾之中的独鹤。他出了车站，劈开了兜揽主顾的车夫们的阵线，便顺着沿河的沙路走去。

河对岸就是城墙，古旧的城砖大部分都长着苔藓；这时候太阳偏西了，阳光照着，呈茶绿色。矗起的那个高塔仿佛

特意要补救景物的太过平板似的，庄严地挺立在蓝天的背景之前。河水很宽阔，却十分平静，天光城影都反映得清清楚楚，而且比本身更美。

他一路走过去，车站的喧声渐渐低沉下去，终于消失了。他有一种非常新鲜的感觉：耳际异样地寂静，好像四围的空气稀薄到了极点似的；那城墙，那高塔，那河流，都显出苍古的姿态，但这苍古之中颇带几分娟媚；扰扰的人事似乎远离了，远得几乎渺茫，像天边的薄云一样。他站定了，抬一抬帽檐，仔细地望着，心里想："这古旧的城池，究竟是很可爱的。虽然像老年人的身体一样，血管里流着陈旧的血液，但是我正要给它注射新鲜的血液，把那陈旧的挤出来，使它回复壮健的青春。到那时候，里边流着的没有一滴不是青春的血，而外面有眼前这样的苍古而娟媚的容光，天下再有什么事情比这个值得欢喜的呢！"

这么想时，对于前途的勇气更增高了不少。取手巾擦了擦脸上的汗，重又大踏步走去。路尽过桥，便进了城门。

城里的街道极窄，阳光倒是不大有的；只要两乘人力车相向擦肩而过，就叫行人曲着身子贴着店家的栏杆相让，还时时有撞痛的危险。店家的柜台里坐着些赤膊的伙友，轻轻摇着葵扇，似乎十分安闲。行人也似乎全没一点儿事务，只

是出来散散步的，走得异常地轻，异常地慢。偶然有几个完全裸体的小孩子奔走追赶，故作怪声直叫，这才把平静的空气打破。而急奔乱撞、铃声叮当不绝的人力车时或经过，也是一种与这境界不相协调的东西。

“永远是这样的情形，三十年来，就只多了那些乌光银亮的人力车。走路的人也永远是这样慢，慢步的老辈，传下来慢步的小辈，所以依然只见些不紧不慢的背影。在这狭窄的街道中，他们这样挡在前边很可厌，叫人家要快步也快不来！”他想着，赌气似的，脚步更为加紧一点；身子敏捷地左偏或右偏，以免与行人车身相撞。只见行人一个个地向后退去，他觉得这才爽快，虽然衣衫已经汗湿了。

“高先生！”他脱下草帽，站定了，恭敬地这样叫着。在他前面的是一个五十左右的人，高高的身材，可是很瘦，夏布长衫，团龙玄纱马褂，苍黑的脸色，额纹极深，两颗近视的眼珠从大圆眼镜里映出来，见得很细，上唇有浓黑的一撮胡须。

这位高先生虽然近视，却早已远远地望见了对面走来的人，心里想：“他果真回来了，可见人家的传说不虚，办学校的事他们准要干的。还是不同他招呼的好；当年上课听讲的情形，他一定忘得干干净净了，不冤枉他，现在他一定还在骂我们老朽，同他有什么可谈呢！”便靠着街道的一边走，一边贴近一个挑藕担子的乡下人，目不旁视，想借此彼此错过了。哪知他的学生望见了他，也就靠着街道的一边站定，正当他的面，而且恭敬地招呼了。他只得恍然直视，表示欢喜说：“啊，雨生，好久不见了。这一次回来，大概要过了夏再出去了？”

“不，今后想不出去了。我们几个朋友计划在这里办一个中学校，今后我就干这一桩。”

“那是很好的事情，我记得人家曾经说起过。”高先生就想点头别去，但是雨生接着说：“我们凭着理想来计划，不妥当的地方一定有。想常常到先生那边去讨教，领受先生的宝贵的经验。”

高先生笑了一笑，似谦逊又似鄙夷地说：“潮流不对了。我们一些经验犹如失时的衣着，只配塞在破箱子里，对你们的新学校有什么用处呢！”他顿了一顿又转为很严正的神态说，“可是学校也实在难办，越来越莫名其妙。当初你在校里当学生的时候，我们觉得什么都有把握。现在可不然，什么都空空如也，也正想向人家讨教讨教，接受些新经验呢。”

“经验总是经验，有什么新的旧的，先生谦逊罢了。”雨生虽然这样说，对于高先生那种牢骚的调子不无叹惜的意思。

高先生却想到向雨生探试，便问：“你们的经费已经筹得差不多么？那是最要紧的。好好的计划，往往给经费问题打得烟消云散。”

“我们有预算，学生缴的费恰抵平时的开支。开办费是捐募的，现在已经足了数。”

“收费同开支能相抵么？”

“我们几个人志趣相同，又全是只消顾一己的生活的，所以支薪极少，有两三人全不支薪……”

“全不支薪！”高先生似乎听见了怪异的事，停一停，笑着说，“足见你们热心教育，佩服佩服。我们再见吧。”说着，点头自去，高高的身躯便摇动起来了。

“先生，再见。”

高先生踱进茶馆里，这时候大半的座头已经有了茶客了。那些茶客在家里吃饱了午饭，吸畅了水烟，又进了些西瓜雪藕，看看太阳偏西，街上已有靠阴的地方，便慢步轻移，汗也不出一滴地来到茶馆里，上他们日常的功课。中间一个充当县视学的陆仲芳看见了高先生，便停止吸水烟，略作起立的姿势，点着头说：“菊翁，今天你来得比我晚了。这里空，就是这里吧。”说着，努着嘴指点与己同桌的一个空座儿。

“仲翁，很好，就是这里。在路上略有耽搁，所以来得晚了些。”高先生说罢，便卸下马褂长衫，挂在墙上的衣钩上，再把短衫脱了，披在藤椅子的靠背上；这就完全露出个瘦黑的上体，锁骨后面的两个低洼，前胸一排排的肋骨，都非常清楚，比照着陆仲芳又白又胖的上体，厚团团的，没有一些棱角，令人感到一种滑稽的趣味。

“你道我在路上遇见了谁？就是丁雨生，他已经跑回来了。”高先生一边说，一边坐下来。馆役送上热手巾，高先生接了，便前胸后背一阵地擦。擦过了三把，捋着上唇的黑须说：“他们那个中学校一定要办了，他刚才对我说，他今后就专门干这一桩。”

仲芳才吹起一个火，听说就让它燃着，且不吸烟，说：“本来一定要办的，我知道他们已经在邢家巷租下了校舍了。”这才噗噜噜噗噜噜地吸了一袋烟，两个大而斜仰的鼻孔里就喷出淡白的两条烟须来。

“我们的学校是欠薪，是开支不来；他们办学校倒有法想，听他说开办费已经捐募足数了。嗤，他们这批小孩子！”

“呵，他们这批小孩子！”仲芳附和一句，讥讽地笑了笑。

“只是这一点不明白：他说经常费能够同学生缴的费相抵，因为他们支薪极少，有几个竟全不支薪；究竟他们所为何事呢？”

“哈哈，菊翁，你太老实了。不支薪水，教人家的子弟读书长进，现在这时代，哪里来这种人！这里头自然别有作用。”仲芳说到这里，略带自傲的神情又吸了一袋烟。

菊翁略微感到惭愧，端起茶杯呷了口茶，自己辩护说：“里头别有作用，我当然也知道。不过是什么作用，我可有点揣不透。”

“还不是……”以下就隔着桌子把头凑近菊翁，低低地说了。一会儿才如前坐正，接下去说：“他们的钱，自然有来源。本来不靠什么薪水，落得说句体面话。人家说他们一声热心教育，这就着了他们的道儿，无形中为他们当鼓吹手了。要不然，他有没有告诉你开办费是从什么地方捐来的？”

菊翁将信将疑，又夹着莫名其妙的恐惧，闭了闭眼睛说：“大概六七分是准的，是准的。”

“岂止六七分，简直是十分十二分！”

“你们赌什么东道了？”这是教育局长王埙伯，他本来坐在靠窗那边，坐久了起来踱步，听见高陆两个的话，便这样问，同时拉开一只空椅子，与他们同桌坐了下来。

高陆两个把刚才谈的告诉了他，他连连点头说："一定是这个作用，仲翁的话一点不错。他们吃的捣乱的饭，想尽办法捣乱，无所不用其极，有缝便钻，有路便走，这个什么宏毅中学就是他们伸进来的一条腿！"

"譬之于捉贼，他偷开了门把一条腿伸进来的时候，我们就得拉住他！"菊翁说这一句，自觉颇有点滑稽，便掀起上唇，露出焦黄的牙齿笑了。

埙伯不接嘴，只顾发表自己的意见，严正地说："我们也不肯冤枉人家；只听他们一些办法，就是要想捣乱的凭据。我是从来不同这批人接近的，我的小儿同他们中间有几个是同学，前几天遇见了，他们就告诉他办学校的事情。最荒谬的是男女同学。你们想，中学校呢，可是男女同学！其次，荒谬的是……"

"是自由恋爱吧？"仲芳抢出来说，圆脸上堆着趣味的笑容。

"倒不是。他们说，逢到外间有什么事件发生，教员学生一律要积极参加社会活动。这是什么话！教员，是叫你教书的；学生，是叫你念书的，要你管什么社会不社会！而且要在社会里活动，要积极活动，这不是有心捣乱、谋反叛逆是什么！"埙伯愤愤地说着，觉得心头有点躁热，便把仅仅穿着的官纱背心的钮扣解开，露出前胸。

菊翁忽觉有所感触，叹息说："不知道世界要变成什么样儿才了！不知道人要变成什么样儿才了！那丁雨生当时在我跟前，不声不响的，也算是个驯良的学生。谁知十年之后，竟变成洪水猛兽！"

"不是这么说。"埙伯似乎嫌菊翁太过颓丧，坚强地这么说，"在我们手里，这批小孩子要想伸出头来捣什么乱，没有这样容易！假如我们不去对付他们，让驯良的子弟们也混进他们的团体，变成洪水猛兽，这就对不起祖宗，对不起乡先贤，对不起这块地方。所以我们是责无旁贷。仲翁，你是县视学，他们办出学校来，你有视察的权柄。看他们有什么不妥当的地方，我们就不客气，勒令停办。"

仲芳把水袋放在桌上，呷了口茶，说："这当然可以，可以。不过，根本的对付方法，还在釜底抽薪。"他同时表演抽薪的手势。

"怎么说呢？"

"就是不要让他们招到学生。这也不是办不到的事。前几天，一批小学教员在那里谈论，说：'毕业学生往往来问进哪一个中等学校好，便回答他们，总是官立的中学或师范好，因为那是正途。'他们又说，'听说这学期将有个新办的什么宏毅中学，主持的都是一班外边跑回来的青年人，怕不很妥当吧。’我便顺着说，那当然，他们原是别有作用的。这可见没有什么人相信他们，他们办出学校来，大半是教几副空桌椅罢了。”

埙伯听了，觉得安慰；菊翁心头也似乎舒爽了不少。“能得如此，那是祖宗的灵佑，地方的福气。不过，我们总得当一点心，逢人就把其中利害说清楚才是。”埙伯终觉得不放心，又这样说了。

“那自然。”菊翁同仲芳的两个头，一肥一瘦，相对地点着。

宏毅中学的招生广告贴在街头巷口，刊登在本地的几种报上，甚至刊登在所谓“大报”的上海报纸的封面上，凡是望见的总觉得心里一顿，似乎这是魔怪的一道符咒，里头含着猛烈的恐怖。因此，底下一行一行的小字说些什么，也就不想看个明白了。城里头常常可以听见这么一种口风：“宏毅中学，那是有色彩的。那批人都是不好惹的，同他们远一点为是。”

通文达理的父兄们便这么说：“就是天下的学堂全都关完了，宁可让子弟们永世不识一个字，总不敢去请教宏毅中学！谁愿意把世界搅成个率兽食人的世界呢！”

一个学校的创设，虽然算不得一件大事，却在这城里多数人的心海里掀了波浪了。

尤其是丁雨生接受了青年同志会的邀请，出席演讲这件事，给许多人以说不出的不安。在座听讲的当然只有同志会

的几个会友，旁的人谁也不高兴听他们所不爱听的话，可是又不能把心里的不安忘掉，至少总得知道一点儿消息才是。结果王埙伯的儿子充了专使，被派去听丁雨生演讲。回来的时候，埙伯问清楚了，就出去转述给仲芳他们一班学界中人听。

“你们知道他讲些什么？”他不先说出来，带着气愤这么问。

“自由恋爱吧？”“也许是打倒资本家。”“一定是讲授捣乱的法门。”几个人这么说。

“不是的，他的题目叫《改造社会》。改造社会也只是一句普通的话，哪一个演说的人不这么说，哪一个作文章的人不这么写？但是他的话里却含着骨头，项庄舞剑，其意常在沛公。他说：‘身体里面有了老废的质料，就得排泄出去，血管里面有了污浊的血液，就得重新化清。一个社会的情形正同身体相似。所以要讲改造社会，应该排去社会里的老废物，让社会的血管里满满地流着新鲜的血液。’”

不约而同地，听众心里都觉得一沉，他们相信所谓老废物就是指他们而言，因而发怒，仿佛这么想：“你竟破口骂起我们来了！”

“还有呢！”埙伯似乎已经受了听众的暗示，以激厉的语

气接续说，“他说：‘大而无当地唱什么改造社会，犹之躺在床上想捉老虎。切实的改造社会要从近处着手，从小处着手，做到一步再来一步。透明地说，我们的工夫应该从这个城池做起头！’你们听见么？我们是老废物，他的工夫自然就是把我们排泄出去！办学校是伸进一条腿，待第二条腿也伸了进来，站定了，大概就要想法子向我们挑战了！”

“知道了，你是我们的仇敌！”大家仿佛这么想，深深地记在心头。随后自然有许多议论，末了却怪那个青年同志会太不应该，怎么去请这么一个人演讲。又有人机警地发表他深刻的观察：“他们原是一伙儿！你们想他们那个会的名儿，一批会员又尽是些油头滑脸的小伙子。”

大家觉得爽然，心头的不安更甚，犹如阴暗的天空又浮来一重浓云。

由于有了这个故事，在平民教育运动大会的前两天，教育局的书记受王埙伯责备了：“这点点小事也办不来！怎么让丁雨生这东西也签名呢？”

“本来说无论什么人都可以先来签名，到那天担任演讲。刚才丁雨生自己来了，说愿意担任演讲，似乎不好叫他不要签名。”书记为自己辩解，带着小心的神情。

“你就不能想一句话回答他么？你知道他是怎样的人？你知道公共体育场是什么地方？你知道后天的听众有多少？平民教育运动大会，就让他来宣传他那混账思想么！”

书记回答不上来，只是涨红了脸。

“由你去想法子，叫他后天不要来讲！”

这个题目真把书记难住了。有什么话可说呢？就是有话可说，找到宏毅中学去也实在有点怕。

“这样吧，你把电话接通了，我同方紫老商量。”埙伯又觉得叫他不要来讲的办法不妥当，所以这么说。

书记知道先前的命令取消了，犹如解开了全身的束缚一般，轻轻松松地走到电话机前。

商量的结果，方紫老答应写信给警察厅长，请他在后天派警察多名，荷枪携弹，到公共体育场防护；或有不逞之徒乘机煽惑群众，警察得受教育局长的指挥，立即逮捕。

开会那一天，天色阴晦，有风，颇有秋天的意味。公共体育场只在进门处有几棵柳树，虽然绿叶缀枝，但经风飘起，萧萧作响，也就有点衰索的景况。人倒来得不少；固然，教育局先曾张贴大幅广告，在本城报上也刊登核桃大的字，但还是许多小学生排了队，摇着手里的小纸旗，在街上游行一周的效力来得大，队伍往体育场，一般人也就跟来了。小纸旗上都写些字句，可是不容易叫人家注意，一阵风来，只听见沙沙作响，如扫败叶。难得进体育场的人看见天桥秋千铁杠都喜欢，有爬上去的，有吊上去的，有站着看的，有拍手叫的，这就增加不少热闹。

场中警察有六七十名之多，有的固定地站着，如站岗一般，也有来往梭巡的，都拿着枪，斜佩着子弹带，颗颗子弹的尖头闪闪发亮。他们出来时，巡官传谕了上司的命令，还叮嘱说：“你们得当心点，这是省议员方大人要你们去的！”

人越来越多，喧声笼罩在群众头上，一阵的骚动，一个委员站上极北的那个平台，点头挥手，似乎表示这就开会了。这里埙伯、仲芳一班人站在柳树底下，反负着手，踮起脚直望。

“几位先生都在这里。”

埙伯、仲芳等人听得这一句，收回远望的眼光，就见身旁站着个高高的衣裤全白的人物，不自禁地不舒快起来。但是略顿一顿之后，埙伯就堆着笑脸说：“啊，雨生先生已经来了。我们这个会，承你担任演讲，实在光荣之至。”

“在外边久了，难得同本乡人谈话。今天恰好是个机会，故而愿意来说几句。”雨生说着，伸手入裤袋，取出手巾来刷那被风吹乱的头发。仲芳相他的裤袋，又相他的粗大多毛的手，似乎将要掏出什么家伙来，便移步向前，同他离得远些。

“确然是个好机会。”埙伯却又敷衍了一句。

雨生站上平台演讲的时候，站得较远的人也只是个听不见，仅能望见他身体这样那样的姿态。柳树下的几个人似乎特别注意地在那里听，但也不走近一点。

“他讲些什么？”仲芳回转圆大的头这么问。

“用得着警察么？”教育局的一个职员这么问，眼睛望着埙伯。

埙伯不便说没听清楚，便摇头说：“用不着，用不着，他讲的都是些爱国的话。”

“哦，爱国的话。”仲芳点头，一只手按摩着突出的腹部，似乎表示这才放心了。

这一天，天气又转热了，庭中槐树上两三个蝉儿竞赛似的高叫着。雨生无意地翻开报名簿，看看仍旧只有八个名字。他并不失望，这么想：“这不是失败，还没有做出来，失败什么呢！八个，就好好地教这八个！教不好这八个，才是失败呢！”

这当儿校役引了高菊翁进来。

“雨生，我走过这里，就顺便来看看你们的校舍。这所房屋倒很不错，多少钱租的？”高菊翁这么说，苍黑的额上缀着粒粒的汗珠。

雨生连忙让他脱长衫马褂，又让他坐下了，欢喜地说："这里房屋实在不错，后面还有个很大的园，可以作运动场，租金也不过二十块钱。"

"哦。"高菊翁并非有心瞻观，随便谈了几句，便矜持地换个话头说，"雨生，我同你谈几句话。前几天体育场开平教运动大会时，你看见密布着武装警察么？"

"看见的。"

"你道为的什么？"

"想是维持秩序罢了。"

"不然，不然。"高菊翁微笑，摇着头。略顿一顿，继续说，"这完全是镇守使的意思，他命令派来的。他探知现在有激烈派在这里活动，所以在这样人山人海的会场里，要严密地防备。"

"这里有激烈派？"雨生不觉笑了。

高菊翁微觉愕然；自己振作了一下，带笑说："有没有我们也不知道，不过他说有罢了。这倒不要去管他。现在要向你说的，就是在这个当儿，你最好不要在这里，暂且到别处去避一避。"

"为什么？"雨生听说，疑心没听真切，一双敏锐的眼直望着高菊翁的脸。

“因为我听人家说，镇守使的衣袋里有一张单子，记着激烈派的名字，单子上就有你的名字！”高菊翁说到这里，近视眼几乎眯成一线，从眼镜里偷看雨生的神色。

雨生却大笑了。

“有我的名字！我不知道什么激烈不激烈，记着我的名字也不相干。”

“这倒不是这么说，”高菊翁似乎极关切地驳说，“你固然不知道，他可记住你了。你知道他的背后是谁？现在的世界，军阀的意思就是威权。军阀最恨的是激烈派。你若不走，十有九成会吃些冤枉苦。我同你师生旧情，互相关切，知道了没有不说的道理，故此特地来通知一声。”高菊翁自觉肩背上一松，几个人斟酌尽善的一番话，总算都背诵出来了。

雨生想了一想，说：“高先生的好意，十分感激！”

高菊翁别无留恋，站起来穿好衣服就走。雨生送了他回进来，见庭中槐树承受日光，作葱绿色，感到青春的欢乐与事业的愉悦，便低头一笑，牙齿啮着下唇，心里想：“假如听了他的话，那就太可笑了！”

1925年11月1日作毕

一 包 东 西

公共汽车软和地震荡着，他觉得很舒适，犹如让理发匠捶着背似的，微微的倦意笼罩他的头顶和前额，在眼前晃动的一切都不大有明显的轮廓。一阵阵的香气拂过他的鼻端，他模糊地想，这是从那个望着窗外的短发长袍的躯体上飘过来的，但也没有心思移准眼光去看她个仔细，对于香气的消散也不以为可惜。

车身突然跳跃似的动荡，好像车轮正滚过几道土埂，但随即停住了。乘客都微微嘘气，仿佛庆幸那厌倦的旅程已经完毕了，便争先挤出那个不容两个身躯并行的车门。争先的结果是大家不得先，于是，“慢慢来呀！”“要紧什么的！”大家吐出这些略觉薄情的语句。

他站起来比较迟；走近车门，那短发长袍的形象似乎带点儿匆忙的姿势，伸出一只手扶住那门框。他本能地停住脚，让她先出门下去；无意间瞥见短发之下袍领之上的一段脖子，圆圆的，腻腻的……一时想得非常玄远。

“什么东西？”

下了车以后，显现在他面前这样问的是个全身着玄青色的汉子，玄青色呢的长袍加上玄青色花缎的屈襟背心，宽檐的帽子也是玄青色的；紫褐色的脸，胖胖的，眉目间颇带粗俗的气分。那汉子是个侦探，可以一望而知，其时正在查问一个人挟着的包裹，在包裹周围按着捏着的粗大的手指上，黄澄澄的套着几个金戒指。

电掣似的，他立刻省悟自己手里拿着一包东西，现在的境地已经十分危险。刚才那恬适的甚至于朦胧的心情完全消散了，只是老鼠见了猫似的警觉且震栗。他故意制止眼睛不要去望那玄青色的汉子，仿佛这样也就不会给那汉子看见，可是不顺从的眼睛偏要溜过去，却见那汉子已经放走了挟包裹的人，眼光略微抬起来，似乎正射在自己手里的一包东西上。

“不好！”他这样想时，不自主地旋了一转。虽然来往的人那样纷扰，车辆那样繁密，但是有什么法子可以躲避呢？那双乌光光的凶狠的眼睛已经盯住这包东西了！

“逃——”他突然又模糊地想，连忙跨上一辆破旧的人力车。当身体被载着向前移动时，他听见腔子里心脏突突跳动的声音。

那一包是什么东西，他自己也不知道。在等候公共汽车的时候，他悠然望着四层洋楼的雕饰正在出神，忽然有人拍他的肩背。回头一看，是熟朋友老李。老李说还有点事不就回去，一包东西费神先带去，等会儿自己去取。并不重，也不累赘，不过十本杂志那样的一包；就是剖开心来，也决不会发现一丝儿不愿代带的意思。待上了车坐下，一只手按住那包东西，非常自然，好像并没有拿什么。

但当听见那声怪刺耳的“什么东西”，又望见那不感愉快的玄青色的形象时，他自信已经知道是一包什么东西了，像解开来看一样清楚。这几年来老李干的什么事业自己是知道得很清楚的，他不怕恶魔的锋利的爪牙，勇敢地冲上前去，要撕下它们的凶恶的脸皮，要拉断它们的狠毒的心肠。他手里携带的东西，还有别的么？不是制服恶魔的方略，便是它们的罪状的宣告书。现在这一包，方方的，是坚实的纸张，那一定印着个横倒的非常难看的尸体，胸口有模糊的一滩，就是新近被恶魔残害的一个。而且，无疑地，下面一定印着警切的题语：“为人们牺牲的！请看恶魔的猖狂！”

两旁店家一扇扇彩色的招牌在眼角拂过，觉得头里很混乱，像带着宿醉。而且周身发冷，不在肌肤而在骨子里，仿佛身躯尽在那里缩拢来，很不好过。待要不想，偏又一针一针似的刺着心头，“那玄青色的家伙在背后吧？那玄青色的家伙在背后吧？”这只要回头一看就能解决，但是脖子差不多僵硬了，而且相信一回头就得对准一个深深的乌黑的小管子！

“被他带去，未免不上算。像老李，他愿意那么干，被带了去也没有什么怨的。而我……我倘若……不是累及无辜么？但是……”

他这么想，脖子自然而然又缩紧些。他仿佛觉得那玄青色的胳膊正在伸近来，一只粗大的手马上要盖到头顶上来了；随后就是残酷的拷问……躺在溲溺浸渍的泥地里……让各种小虫吸全身的血……与蓬头长胡子的强盗做伴……重而硬的链条缠住身体……拖动大石滚碾平那刺脚底痛的石子路……或者是“砰”！

他眼前一阵黑暗，索性咬紧牙关，闭上眼睛。

“啊！没到三十的生命，就这样完了么！我不愿意！我要活下去！……虽然算不得什么大志愿，我那个学校总要把它搞得像个样儿；那些学生，也要看看他们将来的眉目。然而，现在还只是刚刚起头呢，难道就不容我活下去了么！”他凄然心酸，往下就想不大清楚了。

似乎有了好一会儿，身体依然一颠一侧地前进，而那只粗大的手还不曾盖上头顶来，眼睛便又张开一线来。看见的是自己的夹袍的前幅，盖在大腿上，沿着膝盖直垂下去；在下缘的前面，露出那个纸包。

“啊，这个包！”刚才匆促上车，怎么就把它摆在脚踏上，一点儿遮掩也没有，他自己想不明白了。而且，他发现那个包的一面，不知什么时候给弄破了，破纸向外翘起，当然旁人可以很清楚地看见内容。

“印着的横倒的尸体一定让那家伙看见了！”但是他绝不敢伛下身子把包纸整理好，只能行窃似的用脚跟把那个包勾进一点儿，又轻轻理直夹袍的前幅把它掩没；同时抬起眼光来，故作无事似的，看那车夫号衣背上模糊了的数目字。一会儿，不放心地垂下眼光再去偷看，却见并没有弄妥贴，前面固然掩没了，旁侧还是露出来。

“真凭实据在手里，还能抵赖什么，至少办个煽动的罪名！”他简直有点儿发抖了，脚跟用力抵住那个包，似乎要抵破了车座的竖板，把它藏到坐垫底下去。

“像老李，他愿意那么干，被带了去也没有什么怨的。我……我……不是累及无辜么？”他重又想到老路上去。

然而立刻觉得有些惭愧了，“我是无辜；老李那么干，难道就是有罪么？”于是想起恶魔的种种形相，种种作为；红血与烈火，饥容与死脸，急速地电影似的都在脑子里闪过。“这太岂有此理！假如宽恕了恶魔，就是侮蔑了人们。老李的事业，正是人人该做的事业。我也该去做同样的事业！”

“然而，我自有我的事业在。”他一转念就想到教育，“我是教人不要堕入魔道，也非常重要，而且尤为根本。至于那个，我的力量太微弱了。它们有锋利的爪牙，我有什么呢？它们有无上的威力，我有什么呢？用鸡蛋同石头去碰，到底不是聪明人干的事。”想着，也就无所谓惭愧；对于老李那种不聪明的蛮干，未免有些鄙夷的意思；而老李要托他带那种危险东西，尤属大可痛恨。

“往哪里走？”车夫回转头来。前边是岔路了，暮色渐浓，远处的行人和车辆都成一团团的黑影。

“往左。”他随口说了。那是回学校去的道路，假如他仔细想了，决不会这样绝不踌躇的。

“那家伙不在后头了吧？——不会的，不会的。我这一顶米色呢帽很触目，他认定了米色呢帽，再也不会错失。……本来想戴那顶旧帽子出来的，怎么又戴了这一顶！……脱去了吧？……不好，米色呢帽这么一晃动，那家伙一定奔过来把乌黑的小管子指着我的后脑勺。……把车篷拉了起来吧？……也不好，明明不下雨，为什么拉起车篷来？不是告诉人家我在胆怯么？……啊，简直没办法！

“或是一秒钟两秒钟里头，或是再迟半分钟一分钟，只要那家伙高兴，马上可以叫住我。我当然跟着他走。难道还能抵抗么？”他仿佛已经看见明天的情形了：报上刊载着大号字的题目“捕获运输危险刊物的”，下面就是自己的名字。成千成万的读者纷纷议论着，有的嗟叹说：“可惜，有志气的人！”有的讥讽说：“嗤，蚊虫想负山！”有的痛骂说：“好呀，这帮东西要捉个干净！”但是，他们说对了哪一项呢？尤其痛心的是学校里的同事和学生看见了，也会同样地嗟叹或者讥讽，或者痛骂，而大家一致的一句话是“不料校长先生……”学校前途自然不堪设想了，款没人筹，一切事务没人总管，同事便各自分散，学生当然由家属领回去了。两年的筹划，半年有余的实施，完全付于流水！……就是事情幸而能辨白，学校也不能办了。岂但学校，简直社会上一切活动都不能参加。偶然站在人前，只要听见低低的一声“他是吃过一场官司的”，还能不掩了脸逃走么？——他看到这些情形，觉得自己已到生命的尽头，前面是漫黑的一大团空虚。

但是，惨酷的拷问，躺在泥地里、让小虫吸血、与强盗做伴等刺激着他，使他改换方向，去寻一条漫着青光的生路。“他们问我，我当然不知情。他们问谁可作证，我就把王老先生说出来，他们该相信了吧？立刻通知学校里，叫他们去找教育会也行。打个电报给老大，省长方面想来也可以有路子。——不过，他们许我同外面通信么？如其说案情重大，概不许通信，又怎么办呢？”他又怅然了，轻轻地叹一口气，同时朦胧地想到托尔斯泰一篇小说里犯人相互敲墙壁通信的法子。

“到学校了！”他看见相熟的一盏白瓷罩电灯在前面发亮，这样想。在极短的时间里，却反复地踌躇：起初想不要进去，进去了给那家伙认识了所在是不好的。然而尽让车夫拖着跑，那家伙始终跟在后头，同样是个给他看住。最好的办法是把那包东西留在车里，自己走进学校，但是那家伙明明看清车是谁坐来的，只要一搜查，人赃还是在他手里。

车辆不管什么，已经滚到校门前了。莫名其妙地，他使

出生平未有的勇气说：“停！”车夫放下车柄，他塞一把铜子在车夫手心里，急忙提起那纸包刺猬似的冲进学校的门。

“梅生，外边去看有没有人问起我。如果有，说我不在这里。”

梅生莫名所以，疑怪的笑意在口角边一嘻，慢慢地退出去。

“快去！不在这里，说我不在这里！”他走进自己的房间，慌忙地把手里的纸包藏在床底下箱子背后。坐定下来，两手支着头喘气，心头依然突突地跳。

梅生去了一会儿，没有来回话，却听他啪啪啪地在那里扇水炉子了。

“梅生！”他用敛抑的声气叫唤，“外边有没有人问起我？”

梅生的瘦脸显露在房门口了。“刚才门口去看，人是有的……”

“啊！”

“不过都是来往的人，没有走来问起先生的。”

“哦！”他想发作，不知道为什么又缩住了。心里自然安舒些儿，但总还是给几条细麻绳缠住了肚肠似的，不能释然。站起来转了几个圈子，又靠窗望了一会儿新月将上发亮的天，便回到床前取出箱子背后的纸包，带着又好奇又害怕的心绪，郑重地放在桌子上。

“嘻……这个东西！”他用力抽出一张来看时说。纸面印着一位老太太的半身像，面貌很慈祥，皱纹虽多，却没有干枯憔悴之意。翻过来看是讣告，“降服孙”下面印着老李的名字。

一阵微妙的心情消逝之后，他抬起头来，看见映在墙上一面镜子里的自己的脸，涨得红红的，眼角里发亮。

他觉得不好意思，又低下头来了。

1926年11月30日写毕

抗　　争

一

清早起来改了二三十本学生作文簿的郭先生搁下笔，抬起眼来，只觉乌鸦似的一团团的东西在前面乱晃。闭了眼，用手指按了按眼皮，一会儿，再张开来，乌鸦似的一团团的东西没有了，便翻开刚才送来的当天的地方报。一阵青烟从后屋浮进来，烟火气刺入鼻际几乎打嚏，同时听得塌塌塌劈木柴的声响。

“唉，该死！”他把报纸一丢，激怒地说。

“什么事？”妻在里面担心地问，声音故意表示柔顺。

“还有什么！他们要把我们饿死呢！”

“怎么了？”

“报上说，今年的欠薪说不定发不发；明年不是打对折，就是学校关门！”

这真是太凶恶的消息，妻不自主地离开灶门来到前面，睁着眼看定丈夫的沉郁的脸，一时也说不出什么。心头是沸水一般，几日来时刻翻腾的一些想头又涌上来了：“到年底只差一个多月了，有的是这家那家的账；母亲那里，姑太太那里，都得送一副年盘；棉袄太不像样了，至少添一件新布衫——这些且不说，最要紧的是眼前只剩两元光洋几十个铜子了！明年打对折！要不然，就是学校关门！”她想到这里，又兼之早上起来还没有吃东西，便觉一阵头晕，把旧有的肝阳病引起来了。于是醉人似的在一把椅子上坐下，干瘦的颧颊泛着淡红色，用冻红的手支着。

“能同他们商量商量么？”她想来想去只有这一丝的希望。

“商量！也不知商量过多少回了，他们总是一句话：没有办法！同他们商量，还不如同墙头去商量！”

“叫人家当教员教书，总不该让人家没饭吃饿死的！”她想这样的理由就尽足以折服他们。

“谁管你有没有饭吃！谁管你饿死不饿死！你不愿意当，他们会说本来不曾一定要你当！”

“那么，怎么样呢？”她怅然了，感得前途是无边的空虚。

“我们当然要寻生路呀！”他挺一挺胸说，脸上微露高傲的笑意。

“你说。”她用试探的口气说。

“生路不是没有，就在乎不再同他们商量。是软弱的东西才商量！是没用的东西才商量！商量由你，不睬你由他们，还不是吃一辈子的亏？现在做梦做醒了，没有什么商量！”

“那么怎样？”她完全茫然。

“他们干的那些谁不知道。为什么军费就有钱垫付？为什么局长就有钱造洋房？为什么委员们就有钱吃花酒，打麻将？——你明白了吗？总之一句话，实际上这地方大可以不欠薪，不打折扣；所以搞到这般地步，都是他们的荒唐。还商量什么；只有教员一齐联合起来，去同他们算账！”

她想不清楚这个办法就是一条生路，仿佛觉得这里头总有点儿不妥当，直望着他问：“谁这样想起的？”

“就是我，我这样想起的。”他坚定地承认。

“将就些，不要出什么主张吧！”她相信这样不但不是一条生路，而且会弄掉现在的位置，虽然是个欠薪又将要打折扣的位置，究竟比无薪可欠无折扣可打好一点儿，所以用母亲谆嘱儿子似的调子说。

“为什么？”他对准她的眸子看，似乎要看透她的心。

“听我说的为是，我不相信这样会有好处。”她把心底的意思掩藏着。

“怎么没有好处？算盘是死的；教育经费该有多少，历年用了多少，到现在该不该欠薪打折扣，他们能偷拨一颗算盘珠么？”

“为什么向来没有人同他们算过？”

“因为怕。谋到一个位置不容易，怕把它丢了。”

“你倒不怕么？”

“我原说要许多人联合起来；单单一个人出来同他们对抗，自然吃他们的亏。你要知道，联合起来是我们的法宝！”

“他们不睬你们的法宝呢？”

“那么我们全体辞职！”他激昂地说，似乎她就是他正要对抗的人。

这一句正同她藏在心底里的忧虑合拍，她想今后的命运，总得上这条路吧！倏地转念，又想到仅剩的两块光洋几十个铜子；一缕心酸，几滴泪珠抢着掉下来了；头脑里更见得昏昏。她闭了闭眼，咽了口唾沫，凄然说：“总之我不赞成你这样做。”

“你懂得什么！”他瞪着眼，有点发怒。

“我不懂么？凡事谨慎小心为妙。”

“还要多说！有我在这里就是了。你看什么时候了，煮的粥呢？”他简直大声呵斥了，他认为她的絮聒好像一滴污泥，又细微，又讨厌。

她伤心极了，眼泪陆续下滴，怨恨他全不了解她的衷肠，明明为着他，却得到这样的酬报；从这看来，就是万一境况好一点，又有什么意思？可是一想到就要上学校去，便站起来阴影似的移向后屋去。

他用余怒未消的目光望着她那蓬松发髻、青灰破绸袄的背影，几年来她种种的苦辛立刻涌现于脑际，禁不住闭着眼，皱紧眉头：“唉！”

二

教职员联合会是去年就成立的。所有的成绩是一份油印的章程，宗旨项下当然是“研究教育，联络感情”的一些话；一本开成立大会时的签名簿，龙蛇飞舞的墨笔字同蝇头小楷的铅笔字都有；一本记事录，记着票选出来的职员的名字。

郭先生是会里的干事员。他跑去对会长说，眼前的事情与全体教职员有切身的关系，须得召集临时全体大会，妥筹对付方法。那会长最怕开会，踱进会场就要打瞌睡，可是这一次却捻着髭须连连点头说："不错，不错，非开临时全体大会不可。"

发出的通告句句打入教职员们的心坎："为自己的利益，为教育的前途，必须大家团结，取一致的步调。所以召集这个临时全体大会。会场在市立第三小学。"

第三小学在关帝庙内。大殿东侧有一个厅，作为教室，殿庭就是运动场。殿庭里本来有两棵杏树，开花时就像两个锦绣球；因为树干常常撞着学生的额角，以致涨起胡桃大的肉块，便都被齐根截去了。这一天是星期日，朝阳照在殿顶的瓦楞上，夜来的霜渐渐融化，浮起一阵淡淡的烟。庭中还阴暗，有几只蜷缩的麻雀停在地上。这时候，已经有到会的人向殿东侧探头窥望了。

"今天开这个临时会员大会，诸位都已知道，是为经费的事情。"会长先生虽然极愿意开这个会，却并不能增进他发言时的轻松畅快，说了一句，还得照例咽一口唾沫。在他前面

坐着七八十位同业；学生的坐椅太低了，使他们大都伛着背，用手托着下颔，臂弯支在膝上。从玻璃窗射进来的斜方柱形的阳光，零乱地印在他们头上、身上、腿足上，大家感到温温地有点春意了。

会长先生说完了开会的意思，一手在髭须尖似捻着非捻着地等待大家开口。可是大家回他个沉默，只听得些零落的咳嗽声。

“诸位以为应该怎样？”会长先生略微有点窘，尴尬着脸从左边相到右边，又从右边相到左边，要相出一个能够提意见的。

果然，一个头发已经花白，但还没留须的瘦小的教员勇敢地站起来了。他用沙糙的声音说：“开会的意思，刚才会长已经说过了。但是郭先生是这个大会的原动议人，我们也得领教领教他的意见。”说罢，向两旁看了看，然后坐下。

大家正在踌躇怎么对付会长先生的问语，听这么说，觉得这就最妥当，不由得拍起手来。

郭先生坐在最前的一排，抱着满腔的热忱，几乎要握着一个个同业的手说：“为学生，为自己，我们真诚而坚固地团结起来吧！”现在看见会长先生望着自己，不等他开口，就站到教台前面真挚地说：

“会长先生！诸位先生！我们当教员的往往会坠入一个骗局。这个骗局把我们抬得非常之高，结果却使我们弄得非常之窘；骗子从中得了好处，还要闪在旁边暗暗地笑。是怎么样的骗局？就是说教育是神圣的事业哩，教员清高、不同凡俗哩，那一套。这些话的骨子里，简直就是说干教育事业的无妨不吃饭；你如果计较吃饭的问题、生活的问题，那就是污了神圣，失了清高！是一种事业，是干一种事业的人，哪一项不清高？哪一个不该看自己的事业是神圣？然而这只该自己想着，自己信守，决不能让人家拿来当钓饵，自己却做吞饵的鱼！诸位，我们今后的道路，第一要看破这是个骗局！”

大家等不及他说完，就热烈地拍手了。

“既然看破这个骗局，当然会明白为自身的利益而说话并不是不神圣，不清高。——如果我们教出学生来，一点儿不像人，一点儿没用处，那才是我们下贱，我们卑鄙。但是我们也同其他的人一样，生来就有生存的权利。为什么我们该特别牺牲？为什么我们的薪水该打折扣，维持不了生活？这有理由么？这有理由么？何况实际上并不至于如此，而乌烟瘴气的人物和事势竟然弄到如此！”

一阵的拍手声更见沉着了，一声声都代表各人涌到了喉际的一个词儿——“痛快！”

郭先生顿了一顿，用感激的眼光望着一张张对着自己的脸，继续说：“我们现在出来说话，也不是要压倒谁，只是维护我们固有的权利。岂但我们的权利，也是维护学生们固有的权利。没听见明年或许要停办学校么？在我们信仰教育的人看来，停办学校就是杀害学生的生命！

“我们出来说话，应该坚强我们的力量。融合各人的意思，结成个团体的意识，这是坚强不过的。如果各自分散，你就是满腔悒悒，也终于满腔悒悒而已。唯有团体的意识，到底必能贯彻，化各人的悒悒为全体的欢畅。教职员联合会，不是我们的团体么？兄弟要召集今天的会，就希望诸位各表意见，结成个团体的意识，来应付我们眼前生活上、事业上的问题！”

郭先生在掌声中归了座。一堂的空气早已紧张起来了，这究竟是大家切身的问题，不像讨论教授法那样无聊。唼呢的语声四起，调子是沉郁的、迫切的。会长先生又左边右边来回地相着；虽然不觉得疲倦，却张大口腔打了个呵欠。

“我的意思，”刚才发言的那个花白头发的教员站起来说，“我们推举四个代表去见局长，无论如何，请他尽年内把欠薪发清；明年的方针，也请他好好地定一定，打折扣和关门都不是个办法！”他说得颇愤愤，坐下时还鼓起发红的两颊。

“四个不够吧，我的意思是六个。”这声音从后排发出，并不见有人站起来。

“不要单讲薪水的话，”一高高的人挺然站起来急促地说，“应该同他们算账！为什么要欠薪，为什么要打折扣，叫他们算给我们看，我们也同他们算一算！”

“好，算账！”本来是含意未伸，现在有人说穿了，好些人就一齐喊出来。

“他们回说不用算，年年的预算决算都登报的，我们又怎么样呢？”说这话的带着冷峻的口调，显出他比别人来得精细。

“预算决算，谁相信！”好些人呵斥说。

“不相信，有什么凭据去驳他们？”那个人冷然回问。

一堂爽然了，大家觉得手头的确没有现成的凭据。有些人连带想起全县的教育费不知道究竟是多少，仿佛就想问一问；又觉得这有点不好意思，只得暂且闷在肚里。

“要什么凭据！”高高的人又倏地嚷起来了，“谁不知道他们从中弄的玄虚？什么预算决算，相信他们的鬼画符！”

大多数人听说，又觉得自己并不空虚，也说无所用其爽然；于是场中复呈闹哄哄的气象。

郭先生开口了：“账不是不能算；我们要把本县的教育引

上光明的大路，这一着尤其必要。但算账必须有靠得住的材料，就是所谓凭据。从今天起，我们不妨做准备的工夫，完密地搜集材料。到材料充足时，然后正式提出去。现在可以依刚才这位的话，先推出代表去见局长，传达我们的务必达到的期望：一，尽年内把欠薪发清；二，好好地确定明年的方针——是教育，是全县孩子们的教育，马马虎虎不当一回事是不成的！”

“那么，到底推几个代表呢？”会长先生尽他主席的责任。

“我主张六个。”后排的声音又来了，算是维持他的初意。

“两个尽够了。这几句话要用许多人扛了去么？”

“哈，哈，哈！”

“诸位注意，推出代表去见局长这个提案还没有人附议呢。”这当然又是个冷静的头脑。

“哈，哈，哈！”

“我附议！”好些人哄然喊出来，同时历乱地举起手臂，像江上的船桅。

讨论人数的结果，多数赞成两个。推举出来的，一个是那说话很急促的高高的人，大家觉得他最激烈，激烈就好；一个是会长先生，其意无非会长是全会的代表，会长去了，就等于全体都去。

“我们的后盾是什么？”那“冷静的头脑”乘人不提防，徐徐站起来说，闭了闭眼，“换一句说，我们务必达到的期望，要是他们给我们个不理睬，我们又怎么办？”

这句话把大家松弛了的心情又拉紧了。

“我们一致罢教！”

大家没有注意这是谁说的，只觉得这办法真是个坚强的后盾，争先恐后地拍着手心。

“限他们一星期！一星期没有好好的答复，一致罢教！”大家混在掌声中呼喊。

郭先生心里很感动，站起来带着微抖的声音说：

“今天我们有个团体的意识了！我们要用所有的力量来贯彻它；决不让它渐渐消散，终于没有。这是我们生活上、事业上的生死关键，不是轻微的事。我们一定要贯彻这个团体的意识！”

“大家一致！一星期！没有答复，全体罢教呀！”

这呼号是报答郭先生的。

于是会长先生宣告散会。全体教职员哄然站起来；桌椅被推动，一阵乱响。大家的脸给阳光晒得红红的；心里尤其觉得活跃，仿佛前途挂着很好的希望。有几个人竟至于想自已差不多是“革命党”了。

三

“诸位先生的意思，兄弟没有不尊重的。”局长答复两位代表说，照例是又庄严又谦和的脸，眼光时时从眼镜边上溜出来，“从前兄弟也当过教员，教员的况味哪有不知道的？再说到教育，教育不好好儿办，中国还有希望么？所以，诸位先生的意思，爽直说，就是兄弟的意思。”

那位高高的代表听说，不由得坐得更偏一点儿——仿佛嫌自己的身躯太高了，只想叫背脊尽量地弯，弯，弯。再发表些意见吧？这似乎可以不必了，因为局长的意思就是教职员们的意思，那么“咱们一伙儿”了。会长先生是本来不预备挡头阵的，现在看先锋尚且不多开口，落得托着下巴静听。

“不过，”局长轻轻咳一声，意思是重要的话来了，“当局也有当局的难处。能够想法的地方，决不会不去想的。然而从各方面想尽了还是没有办法，这就不能一味责备当局了。是不是呢？是不是呢？”

两位代表不自主地都点头了。

“不过，”局长再来个转笔，“兄弟是当过教员的，对于教育又有极端的信念，现在还得从千难万难中寻一个好办法；待

有成功，就赶快报告诸位先生。”

“限你一星期！”那位高高的代表仿佛想这么说，但立刻觉得这么说太不文雅了，便换了腔调，“希望在一星期内听到局长成功的消息。”

“如有成功的话，”局长笑了，这笑里头藏着许多的恩惠，“今天就今天，明天就明天，何必一个星期？”

再有什么话说呢？两位代表就辞别了出来。

这地方教职员们丛集的所在是茶馆，接洽一切在那里，商量什么在那里，休憩、打瞌睡在那里，说笑话、约打麻将的赌伴在那里：假如把教职员联合会的会所设在茶馆里，那就不至于成立大会之后只开一次会了。

两位代表去见局长以后两三天，茶馆里就有人同教职员们谈论起这件事情来了。那些人无非是教育委员公正士绅之类，平时本来混在一块儿的，彼此有什么话不谈呢？

“你们去见了局长了？”

“是的，我们推代表去见了局长了。这是我们全体的问题，教育前途的大关键，不得不严重地提出。而且，我们要他在一个星期内有个解决。”

“局长怎么说？”

“他说总得从千难万难中寻出个办法。”

"万一一个星期过了，还是没有解决呢？"

"那是早经决定的了；我们作坚决的表示，一致罢教！"

"好，这方法顶好，因为它彻底。——不过……"

"不过什么？"

"你们须得像工人罢工一样组织起纠察队来，有谁私下里上课的就打，有谁敢接受教育局的新聘任的也打；这才显出你们的力量，最后的胜利一定归你们。"

"这是难以办到的。纠察这字面何等难听；而且，怎么能动手就打呢？"

"难以办到么？那么，你们的最后胜利还在不可知之中。哈哈！"

"未必吧。"

"不要太乐观了。还是赶早去组织纠察队的好。哈哈！"

教职员们虽然说"未必吧"，心里却不免有点儿动摇。自己的情况当然是知道得最清楚的：四块钱用一个本校毕业生，叫他代了课，自己再去什么局什么处兼个差，领干薪；或者八块钱雇一名师范毕业生，把一班的"国""算""手""体"等完全包给他，再也不用费心。外边空着一双手，想当"八块钱的""四块钱的"的人不知道有多少。欠薪，打折扣，都不是他们的问题；他们只要有个饭碗，哪怕是破的。如其一致罢

教，不刚好给他们一个顶好的机会么？于是，抗争完全失败，徒然牺牲了自己。这哪里是聪明人干的事！

同时，好几种地方报纸也特地为此事写起社评来，都不偏不倚地专为教育着想。举个例，《地方公报》这么说：

> 近闻教职员联合会代表谒见教育局长，请于年内发清积欠；明年教费，亦望妥为筹划。夫小学教员多清贫之士，八口嗷嗷，亟待薪资以为赡养。当局诚宜及早设法，全其利权，俾得乃心乐育，无复他顾。
>
> 唯风闻教职员方面早有拟议，果所请不遂，即同盟罢教以为挟持；此则断乎不可。教育原属神圣事业，为三乐之一，从事于此者，不可不具牺牲之精神；且其满足与快慰，固非饱餐一顿所可伦比者也。苟以区区欠薪问题而相率罢教，置神圣事业于度外，人其谓之何？窃为吾县小学教育界不取也。

这尤其使教职们烦闷，明明是个骗局，是一顶很高很高的帽子。但是，记者这么说了，读者点头赞同了，不就是普遍的舆论么？

四天没有回复，五天没有回复，直到第七天的晚上，还是没有回复。第八天早上，教职员们都怀着异样的心情到学校，好似畏怯的旅客临到艰险的栈道，走又不好，不走又不好，简直无可奈何。

第一小学的先生没精没采地望着一场乱蚂蚁似的学生，吩咐校役说："你到二校去问一声，今天上不上课？"

校役跑到第二小学，两位先生正在踌躇，低低地议论，说坏在当初不曾约定，用一种什么方法作一致行动的信号。

"先生，你们今天上课么？"校役毫不顾忌地问。

"今天放学了！"在近旁的学生听说，就神经过敏地喊起来。

"咄！"一位先生喝止说，"谁胡说！"于是回答一校的校役，只得说"我们当然上课"。

"你们怎样？"另一位先生问。

"我们因为没定规，所以来问的。"

校役回到一校，报告说二校是上课的。先生想，失约不自我始，无论如何可以不负责任，便决意向校役说："没有什么，你依照时刻摇铃就是。"

三校的先生经过一校，一转念便跨进门去，想探听消息。但当望见奔驰叫喊的学生们时，仿佛觉得已经明白，再不用探听什么，于是死心塌地跑到关帝庙里。

高级小学是装有电话机的。这一面取下听筒来问：“怎么样，你们今天？”

“我们从众。”那一面回答，“刚才派人出去打听，各校还是照常开门呢。”

“那个的话大概是作罢了。”

“大概是作罢了，哈哈！”

这一天，郭先生起得特别早，踏着满街的浓霜历访十来个学校。有几校的先生还没到；遇见的几位先生都板起冷冷的脸，说只怕有人乘机讨好，独个儿上课。

“不用问别人，只须问自己。是上星期一致通过了的决议案，到底要不要实行呢？”郭先生的感情颇激动了。

答话却仍然是软绵绵的：“实行固然顶好。有利益的事体，谁不愿意干？但是，我们的力量薄弱呢。会不会弄成吃了砒霜药老虎，是我们应该考虑的。”

郭先生心还没有死，一口气跑到会长那里，把遇见的情形愤愤地说了，末了说：“无论如何，得立刻召集临时全体大会。”

“你想大家高兴到会么？”会长先生带着冷笑说，一会儿脸色转得庄严了，“就地召集，你去发通告！”

郭先生碰了一鼻子的灰，心里是说不出的感慨。已经望见了的前途的光明，原来只是一撮虚幻的火焰；现在消散了，依然是漫空的漆黑！

到了学校，竟想向学生们宣告，今天不教课了。“但是，独个儿表示，谁觉着你的厉害呢？没有意义的事情，做它也是傻。”

当他捧着一叠算草簿进教室上第一课时，看见一个个冻红的小脸上一对对的眼光对准自己，不禁诅咒似的想：“讨厌的东西！”

但是，一缕的内愧立刻直透心头，便垂下眼皮默祷：“请你们宽恕，这是我待你们不好的仅有的一次！”

四

学期终了，一切事情都安然过去，虽然教职员们所想望的完全没有消息。

但是，郭先生已经接到免职的通知了，为的什么，并没叙明白。他自己总该知道吧。

于是，有不少的心在私下里庆幸，没有真个做出来，到底占便宜；不然，把本来破了的再摔一下，那就粉碎了。

这是这学期末了的一课。郭先生给孩子们温理教完了的课本，也完毕了；凄然的感觉渐渐上涌，终于激动地说：“告诉你们一句话，你们料不到的一句话，下学期我不是你们的先生了！为什么呢？你们一定要问。唉，你们只知道在学校里玩，在家里玩，抽出时间来做一点儿功课。你们哪里懂得世间各色各样的事情！如果曲曲折折地告诉你们，徒然叫你们心里糊涂，不如不说的好。总之，下学期我不是你们的先生了！但决不是我心愿离开你们！”

“下学期谁来教我们呢？”冬日的下午，教室里已经漫着昏暗，在那最暗的屋角里一个孩子悄然问。

“自然是一位新先生，我不知道是谁，所以不能告诉你们！”

“我们跟着你先生去，你还是教我们，好不好？”另一个孩子说，眼光中含着离愁。

“那不好；并且，我暂时也不做先生了。”郭先生嘴里这样说，心里是莫名地难过。自念入世以来，愿意赠予自己的心力的就是这班孩子，相与得最坦白没有一点儿隔阂的也就是这班孩子，现在却被迫离开他们了！

“做先生的没有不爱学生的。你们的新先生一定会欢喜你们，保护你们，同我一模一样。你们准备一颗很好很好的心欢迎新先生吧！”郭先生又想到孩子们的前途，这样恳挚地说。

教室里十分寂静，好似所有的脉搏和气息都静止了。一对对的眼光集注在郭先生身上，仿佛嫌平日还没看得仔细，看得足够。

“新先生虽好，你不要去不更好么？”带着埋怨的口气可又极端真诚的这一句，破了一堂的沉寂。

“这没有法子！”郭先生的声音带颤而且有点儿沙哑了，“现在我们要散学了。给你们说，这个人教那个人教都不成问题，最要紧的是你们自己努力，自己要好！我希望明年你们进步更多，大家成个更好的学生！”他不能再多说，连忙点头招呼，因为滚出来的泪珠快要让学生们看见了。

学生懒懒地散出去，好似腿上系着铅条。郭先生在一个个的背影上都着力看认，就把逐个的性格、癖好、学力等重又温理一遍。

末了是寂然，死样的寂然。

“完了！”郭先生觉得现在真成两手空空了，没有凭借，没有归宿，什么都没有！他颓然走下教台，不自主地回头去看。“啊，我的舞台，几年来在这里演呕心沥血的戏，现在被撵下来了！”转头来看见呆呆板板的几排空桌椅。“啊，看惯

了的红润的、黄瘦的、干净的、龌龊的那些脸，再没有福分在这里一齐看见了！”墙上一列画幅，是今年秋间带着学生到野地游散，诱导他们自由写生的成绩。“这种乐趣，怕梦里也再不会有了！”

他理好自己的书物，带着，一溜烟跑出了校门。西风吹得很紧，行人都显露萧瑟之态。暮色已十分下沉，似乎把他的心也压得非常沉重，两脚机械般移动，心里只是迷惘地想：

“回去，回去怎么样呢？还不是看她的流泪的脸！还不是听她的怨恨的话！不应该不听她哩，到底谁的话对哩，总是这几句。倒霉的事实偏偏证实她的话，那有什么法子！她还要说，衣服没有几件好当哩，只剩下几个铜元哩，真讨厌！不知道人为什么一定要吃饭！”

心思像一缕游丝般漾了开去：“假若没有她，也就没有家，岂不自由自在！”肩担行李头戴棕笠悠然来往的行脚僧的印象浮现在他的脑际，但立刻感觉自己太自私了。“她怎能不怨呢？她嫁了过来，简直是嫁给了愁苦；一切的辛劳，一切的焦心，都有她的份，独没有片刻的安适。难道还不容她畅快地怨几句么！”

“还是这班同业实在岂有此理！”愤恨便转了个方向，“他们没有识见，没有胆量，只知道饭碗！饭碗！饭碗就是他们终生唯一的目的！饭碗也得弄得牢固一点儿，稳妥一点儿呀，但他们不想！饭碗以外还得好好地做事业呀，但他们更不想！说什么教育，教育，一切的希望都系于教育！把教育托给这帮东西，比房屋在沙滩上还要靠不住！”他连平日的根本信念也动摇了，深觉当初以为唯有这一条路是值得走的，其实只是浮泛的认识；这一条路荆棘充塞，并不亚于其他的路。于是不但两手空空，心头也空空了。空空的心感到的那种况味，说是悲哀并不像，说是痛苦也未为确切，总之，只望立刻销毁了这个心才好；但怎能便销毁了呢？

“铮！铮！”是打铁铺里发出来的声音。郭先生不经意地看过去，在墨黑的小作场里，三个铁匠脸上、身上耀着鲜红的光；铁椎急速地起落，有力而自然；炉子里的火焰一瓣瓣地掀动，像一朵风翻的大莲花：这幅动人的活的图画，似乎是向来不曾见过的。

“呵，他们是神圣！要买钉子的，要买铲子的，自然跑来求他们；而他们绝不求人家。他们只须运用自己的精力，制成有用的东西，就什么问题都解决了。”

“怎么能跟得上他们呢？”他收了羡慕的眼光，回向内面想，只觉异样地怅惘，自己仅有个空空的心，配跟谁！

不知又走了多少步，身体突地给别人一撞，才转过头去。在电灯杆上贴一张告白，两三个人凑着灯光在那里看，也不知电灯什么时候亮的。看那告白文字，说的是新开织袜厂，招收勤谨女工，工资从优的话。

他心头一动，不禁凝想：“她……”

1926年12月6日写毕

某城纪事

一

“进去了么？”

菊生不待父亲坐下，看定父亲略感劳顿的灰色脸，就这样问；声音是压得很低的，仿佛只在喉间转气罢了。

父亲听说，本能似的向左右望，看有没有什么靠不住的耳朵。结果是没有，才闭了闭他那近视眼，右手从衣襟一重一重探进去，掏出两罐美丽牌卷烟来。含有鄙薄意味的笑浮现在他栽着十余茎短髭的唇边了。

“都是些饭桶！我带了四罐，你看，都没有印花票；他们查得出来么？”菊生看父亲继续掏出两罐卷烟摆在桌子上，几乎有点儿悠然的样子，再耐不住了，又问：“爹爹，这回到上海，进去了没有？”

“忙什么？”

自然是呵斥，但声音里掩不过那种所谓“舐犊之爱”的情调，同时抬起眼光瞅着虽不壮健却比自己高过半个头的儿子，说：“进去了，你我两个都进去了。”

嘴里这样说，心里通过一阵舒适，除了给儿子娶亲那一天，这种舒适简直不曾体会过。于是坐下，一只手玩弄那不贴印花票的卷烟罐，享受这种稀有的舒适况味。

“进去了怎么样呢？”

肯定的“进去了”三个字好像一道电流，菊生只感觉一阵震憾；经过这震撼，似乎全身都改变了，怎样改变当然说不清，总之与以前不同了。勉强打比方，有如穿上了一件灿烂的金甲，但也可以说捆上了一条无形的绳索。不胜重负的倦怠心情随着萌生，所以他急于知道“进去了”的下文。

“现在还没有什么工作。”

父亲说向来生疏的“工作”二字，用特别郑重的声调；自己像这样地使用这个名词，实在是几乎不能相信的得意事。他接上说：“可是也快了。待军事势力一到这里，我们的工作要忙不过来呢。”

“唔。”

菊生答应得很含糊。他离开学校将近三年，在家里陪夫人，“打五关”消遣；出去吃茶时也偶尔看看流行的小报，小报上的文章都没有讲明白工作是什么。

父亲又瞥了菊生一眼，意思是“你不明白么？”，但并不含有责备的成分。他解释说：“最重要的工作是宣传。四万万民众大家知道要——那个，那个还不成功么？宣传的工作就是让大家知道。先总理（他仿佛觉得这三个字很不顺口，但一种亲热之感同时油然而生，自己宛然是父母膝下的娇小的孩子了）说行易知难，真是确切不移。可惜没有把那本书带来给你看。其实一点不要紧，莫说搜查，连衣角也没人来碰我一碰。他们胆子小，硬叫我不要带……”

“莲轩，你回来了？”

父亲的话被这声音打断了，因为是熟极的声音，他不感觉一毫恐慌，反而略微提高声音，得意地说：“回来了！昨晚上在那边多耽搁了一会儿，没有赶得上今天七点的早车；车是挤得不堪设想，不准时刻，又开得慢，所以这时候才到。”

“这是第三趟来看你了。”

说着坐下来的是陈莲轩的姊丈周仲篪，一撮浓黑的髭须特别吸引人家的注意，就好像耳目口鼻都是普通而又普通的型式，再没有描写的必要；皮色很白，衬着浓黑的髭须，很明显地给人家白与黑的印象。春寒的傍晚时分，太阳又躲在破棉絮一样的云背后，他的额上却缀着细粒的汗滴。

仲篪把圆顶小帽抬起一点儿，用手巾擦着额上的汗滴，急切地问："进去了么？"

"进去了；我们父子两个都进去了。"

"这也好。"

仲篪像沉在水中的人握住了一棵水草一样，虽然命运尚不可知，这消息多少是眼前的一点儿安慰。

"单为我，我真不高兴多麻烦。这样的时世，火车窗洞里爬进爬出，到上海去难道是开心的事么？我都为的菊生啊！他这么大了，不能不给他开一条路。"

菊生听父亲这样说，搔着头皮，懒懒地坐在父亲侧边。

"他们说起我么？"仲篪来了三趟，就为这一句。

"没有说起。"

"没有说起？"

"不过连带说起一点儿。我几乎填不成表格呢；他们说我是周仲篪的内弟。"

"那一定说周仲篪怎么样怎么样了？"

"是呀。他们说你曾经列名上袁世凯的劝进表，说你平时靠省议员的旧头衔，包揽词讼，把持地方，是十二分合格的土豪劣绅。”

“土豪劣绅……”仲篪勉强地笑。

“我就驳他们说，古人罪不及妻孥，难道处在现在的时代，干那样的事业，只因姊丈是土豪劣绅，就不容参加么？”

“他们又怎么说？”

“又怎么说呢？还不是拣出空白表格来就让我填。我填得很不坏呢。表格中有一项要叙述对于改善中国的意见，我就写，要中国兴盛起来，非事事彻底做去不可；譬如打倒土豪劣绅，要打得一个不剩方休。”

“啊！”仲篪不觉惊叫。他对于土豪劣绅似乎已经居之不疑，因而惊讶莲轩怎么会打起他来。

“土豪劣绅是民众的蠡贼，地方的灾殃，不打个干净，就不用说什么革——”莲轩说得很严正，非唯没有觉察仲篪的居之不疑，似乎连刚才自己说的话也忘了；昨天看的几本小册子还留在脑子里，这里说的他自信是由衷之谈。他接着说：“昨天他们在那里拟议，说要规定几个非打倒不可的；待军事势力一到，就大书特书揭示出来，让民众有个明确的目标。这的确是个好办法。”

仲篪忽然受了针刺似的，跳起来说：“我要上海去！我要上海去！”

“怎么？你也——”

仲篪不答理莲轩的问，只是在室内来回地走，他那黑与白的脸，白的部分皱起来了，黑的部分抬高，几乎居于中央。一出出可怕的戏文在他脑子里闪现：不知多少短衣服粗胳臂的人涌到家里来，所有的家具都被捣毁，收藏得最隐秘的私蓄也被发现出来；随后是大门上钉上两片交叉的木板，还有墨色印刷加朱批的封条糊在上面，朱批里少不了“土豪劣绅”那几个字；报上的广告栏里有自己的照片登出，下面的文字——总之是不堪入目的话；大太太姨太太当然被撵走了，老太太在“发逆”时代吃的那些苦，她们一定是全本照抄；至于那所“大仙殿”，不用说，迷信！一把火烧个精光……

他闭了闭眼睛，不敢看那凶暴残酷的一把火。眼睛再张开来时，火仿佛消灭了。阑珊地望着莲轩说：“我要上海去；我在这里不方便。”

莲轩方才觉醒似的，用两个指头弹着前额说：“不错。已经到杭州了，现在分两路向这边来，说慢点儿也不过五六天工夫，这边抵抗是没有的事。所以你到上海去避避是不错的。”

“我同你商量——”仲篪弓着身，浓黑的髭须似乎扫着莲轩的颧颊，低低地诉说把自己的资产名义上全转移给莲轩的计划。菊生的头也凑拢来，用好奇的眼光看定仲篪的翕张的嘴，心里想，不要说什么名义上，就实际上转移了过来，那多好呢。

仲篪说完他的急就的计划，结句说："我们至亲，一定可以帮忙吧？"

"当然，当然，我们至亲！"

莲轩满口承应，心头似乎更舒展了许多；虽然只是名义上，总算兼并了一份不小的财产。

菊生把身子坐正，咽了一口馋馋的唾沫。

莲轩夫人不知道什么时候进来的，坐在饱和着暮色的角落里，像个鬼影。她不明白父子两个"进去了"之后是吉是凶，想到前巷那个姓李的小伙子，听说也因为"进去了"，才被解到南京去枪毙的，她再也不敢想了，只连连默念着"阿弥陀佛"。对于姑老爷的异乎平时的神态，她知道他遇到什么倒霉事了，因而又代姑太太担起无所着落的忧愁来。

二

县学的明伦堂作为党部的大会堂，正中挂起中山先生的遗像，两旁是照例的六言联语，上边交叉张贴着党旗国旗（编者注：此处指国民党党旗和“中华民国”国旗）。堂前两旁的斋舍作为各部的办公室，每室都有标名，是用淡墨潦草地写在白纸上的。常务委员办公室的板壁上有一个电话机，是新装的，光亮的色彩同板壁的暗淡对比，像花手帕挂在乞丐身上。

陈莲轩坐在宣传部里。桌子上一个砚台，满渍着水；三支“大京水”都秃了头，横七竖八地躺在旁边。他看到桌面，就要叹一口闷气。

他具有热心，愿意贡献自己的一切来成就中华民族唯一的大事业。可是几天以来，竟候不到机会效一点儿力，哪得叫他不闷？预备发布《告民众书》时，轮到他撰稿，他于是翻检新近公开的《建国方略》《三民主义》等书，以便先立定个主旨，但是常务委员应松厓等他不及，自己一挥而就，书也没有翻。要给本城新闻纸登一篇文章解释党义时，他自告奋勇说由他担任，第二天就能把草稿起好；但是应松厓说那样第二天来不及见报，便提起笔来，歪歪斜斜写满三纸，派人立刻送往报馆。类此的事还有好几件。这使他呆看着未被使用的笔砚愤慨地想：不料这几天里却长了一种经验，原来小伙子做事是那样粗率、不经意、罔知权限的！

虽然闷，又愤慨，他还是每天到；草创时代无所谓规定的办公时间，但他总要吃过晚饭才回家，就是有规定绝不会再算他旷缺。他这样想，才几天工夫，眉目还没见，无论如何要耐着性儿守；若为些少的不满就掉转头走开，那是血气之徒的行径，到后来难免要懊悔失去了什么机缘的。

破纸窗敞开着，外面时时有几个带着探究神情的脸凑近来。有的竟把整个脑袋伸在窗台里面，旋向这边又旋向那边，看有没有一个角落里藏着什么神秘的东西。甚至于穿黄布寿衣牙齿脱落到不存一颗的老太婆，也扶着孙女儿到县学里来看，意思是见识见识那种新花样，待见阎王时也交代得过。尘封了不知多少年的县学，每年只有春秋二季由县官和士绅们来这里串一回祭祀的把戏，现在却比庙会市集尤其热闹；“到学里看过么？”成为新流行的寒暄语，而一些卖豆腐浆牛肉汤的，也挑着担子到县学门前赶生意来了。

“有什么好看的？”对于每一个凑近窗边的脸，莲轩都给他们这句嫌厌的问语；问不用口，代替的是近视眼定定地一瞪。这不是什么有味的事，多问了几眼当然会厌烦；便索性脸朝着里，给他们看背心，自己呢，在心头展览几天来做的那些闪动而朦胧的现实的梦——

炮声每隔二三分钟一发，震得玻璃窗都作回响。全城的人心好像再也不能安放在腔子里了，都突突地窜动着，只待跳出来碰到枪弹或炮弹破毁了完事。然而出乎意料的消息传来，说原来在这里的兵队昨夜开走了，隆隆的炮声并非是对垒。这就使每一颗心都安定下来，“好了！”有人发起大家去欢迎，举起胳臂擎起纸制小旗来响应的就有四五千。几个重要人物，如应松厓等，坐了小汽船先发，好让被欢迎的早点儿领受全县的好意。四五千人的队伍多么盛大，多么热烈啊；陆陆续续，延长到三四条巷，步伐是轻快而有力，刚才上口的歌，因为简单，很能够唱得协调，“齐欢唱，齐欢唱”的声音像海潮一样泛滥起来，弥漫在全城的空间；牛肉、馒头、牙刷、毛巾等慰劳品，成担地挑着，夹在队伍中间，比迎神赛会中的汉玉如意、古铜彝器，更惹路旁观者注目。路并不少，出了城有二十来里，但大家并不觉得累，反而越走越有劲。终于欢迎的队伍与被欢迎的会面了；初次试喊的口号带着好奇跃动的心情喊起来，什么万岁什么万岁接连高唱，多至一二十个，脆弱一点儿的人感动得只好淌泪。慰劳品是毫不吝啬地分送着；受慰劳的两手捧得满满了，还有牙刷毛巾之类像归鸟一样翩然落在上面。仔细看那些被欢迎的，正合两句衡文的老话，“入人意中”，但又“出人意外”。服装不甚漂亮，面容多少有点儿憔悴，以及掮着的枪械器用，排着的行列形式，都同其他队伍无甚差别，这是“入人意中”。然而，不甚漂亮的服装里面好像包含着一颗强毅热烈的心；多少有点儿憔悴的面容足见他们为排除民族的障碍所受的苦辛；他们的态度又好像非常温和，莫说所谓“国骂”未必逢人脱口而出，简直叫人兴起走近去同他们抱一抱的愿望：这些是看见了其他队伍绝不会感到的，是所谓“出人意外”。

显然可见的改变跟着来了。凡在大众的意念中，与土豪劣绅多少会引起联想的那些人，移住上海租界的早就走了，没走的也废止了每天上茶馆的常课，虽然揭示土豪劣绅姓名的拟议还没见实行。各色的人都成了热石头上的蚂蚁，一时不知道该往哪里走；但是有一个共通的新认识，就是今后每个人必须归属于一个社或会，无所归属的人犹如荒野的孤客，要吃尽意想不到的苦。前县知事是乘欢迎队出发的当儿溜走了，全县的权力像风中飞絮一样飘荡无着；但飘荡不到半天，便由临时组织的县行政委员会把它从空中一把抓在手里。而县行政委员会的一切措施又须取决于党部。大众不曾料到那突然涌现的党部竟是全县的主人……

隔壁电话机上一阵铃响，把莲轩温理新梦的心思打断了。他听见接电话的仍是劳顿了几天以致喉咙沙糙的应松厓。

“……喔，你问‘大仙殿’，不是昨天已经发封了么？……你提起僧寺、尼庵、道院；这些都要不得，我们自然也要取缔。……不过要从长讨论，似乎与‘大仙殿’情形不同。……四点钟的会议时面谈吧。”

听筒刚挂起，铃声又急促地响起来了。

“你们哪里？……喔，久大米店，什么事？……啊！打伤了人？谁同谁打？……打米司务打伤了打米司务？他们该是一伙儿，怎么打起来了？……唔，明白了；他们要停工组织工会，看见你们店里的司务还在那里工作，就打起来了。是不是这样？……我们这里就派人去。你们务须劝止他们不要再打，一切待党部派员到时再说。”

隔不到一分钟，听得应松厓在那里接待好些客人了；客人的语调都是故作温文而实则粗陋的一流，极容易唤起市肆扰攘的印象。

“先生，我们有的是公所；听说现在不行了，要立什么商民协会。可有这句话么？”

“是的，商人须组织商民协会。”

“先生们定出来的章程，我们有什么说的，只有照着章程做。”

“不过我们全都不明白。好比瞎子走生路，全靠别人指点，是不是？商民协会该怎么搞，怎么发起，怎么召集……我们现在是两眼墨黑。”

“听说资本家老板不在其内。可有这句话么？”

“商民协会的目的在加薪水；有了资本家老板，再不要想通过加薪水的议案了；当然不让他们加入。你不相信，可以问这位党里的先生。”

“这句话如果实在，兄弟可要先走了。兄弟开一爿五十千的小杂货店，惭愧之至，也要算资本家老板呢。”

“我想还有资本家协会老板协会吧？”

几个商人毫无间歇地接连说话，各顾表白自己的意见。应松厓只好默不发声，等他们索性把话筐子倒空了。他们见开口的机会还有，又提出入会手续该怎样，每人会费要多少等随心想到的问题。

一阵皮鞋声近来，急遽而不沉着，莲轩听得清是儿子菊生。“到底他是小伙子，只一味高兴。”才这样想时，菊生已经进来了，差不多是跳进来的；灰哔叽的中山装，衣袖裤管的折痕笔挺，脸上现着平时难得的鲜红色，似乎他的血液经过一番清洗了。他站住在父亲桌子边，取帽子在手作为扇子扇着，趣味地笑说："刚才去调解的是一家理发铺的争执。三个伙计向开店的说，从今起，手里做下来的工钱要对分了。若不答应，那就罢工！开店的也回答得妙：'好！你们的办法真妥当！我情愿把剃刀轧剪一切家伙奉送给你们，由你们去开店，我做伙计；做下来的工钱对分。"

"哈哈，伙计碰着钉子了。"

"不，并不。伙计说：'我们不要做什么开店的。大家知道店是你开的，我们就同你讲话。要知道，现在是革命的世界了，革命的世界里，伙计是……'"

"你怎么给他们调解？"莲轩抢着问，他要看看儿子的才具。

"伙计的话不错呀；世界不同了，他们的要求也不见得过分。"

"啊？"

莲轩诧异儿子有这偏激的见解，不自主地瞥了他一眼；新式的服装带来个异样的灵魂了么？一转念间，又这样想：几天以来，他从应松厓他们那里沾染得太快了。

沾染得快固然可以欣慰，说不定也是一条路，但可虑之处究竟不少；父亲的心错综地思忖着。

"不过开店的也有为难之处；小本营生，哪里担得起那么一副重担子。”

“唔。”

莲轩这才点头，发于内心地赏赞儿子，究竟没忘掉中庸之道；这证明了并没有沾染得“太”快，但另一方面的可以欣慰，似乎很足以相抵。

“所以我给他们判断，四六开拆；伙计四，开店的六。”

“他们听从么？”

“不。伙计一定要对分，做不到就不让开店门。”

“那么还是个未了之局呢。”

“是呀，得再给他们调解。”

“这种事你可以回绝不去的。我看局面总不能这样乱糟糟地维持下去，一定会变，变到怎么样当然看不定。你何必跟着他们出头露面呢？他们正起劲，所有的几斧头还没使完，让他们去使好了！”

莲轩忽然感到古君子因怀才不见用而激发的一种高蹈心情，低声这样说，他的意思，最好儿子也同他一样，隐居在党部的房间里，这才党而不党，不党而党，是最合适的态度。

“事情太多了，大家尽自己的力量做去。”菊生是满不在乎的口气，对于父亲的嘱咐，他实在没有充分了解，只觉得几天来跑进跑出，口讲手指，是以前不曾经历过的新生活，

到此刻还不觉厌倦呢。他用两手拉着上衣的下缘，理平当胸膈部分的些少皱纹，同时身子一旋，似乎又预备拔脚做“工作”去了。

正好隔壁应松厓听罢了电话，喊道：“密司脱（英文 Mr，意为先生）陈，下午三点，人力车工会开成立大会，要我们派一个人去指导，就请你走一趟吧。要立刻去，现在三点差十分了。”

菊生不等应松厓说完，头也不回就跑走。

于是莲轩又独留在宣传部里，眼光偶然投到宣传部长的桌子上，同样的满渍着水的砚台，同样的横七竖八的几枝秃笔，不过多了一堆散乱的小册子和单张印刷品。他又叹了口闷气。移身朝外，窗外凑近来的脸还是陆续有，从显有菜色的以至涂脂抹粉的，从十分愕然的以至嘻嘻哈哈的，都有；有几个孩子竟把上半身趴在窗台上，扮了个鬼脸，然后老鼠一样缩了出去。

他想：怎样一个离奇纷扰的境界啊！几天以前，摹拟那将要涌现的新境界，像是个渺茫的梦，总勾不成粗略的轮廓。谁知道涌现出来的是这么个样子。似乎太远于愿望了。再改变一下吧！不论改变到怎样，总比现在会使他高兴一点儿。……然而，在改变的端倪尚未显露以前，他还得天天来看守这间屋子，闷固然闷，但是人间的事能单顾闷不闷么？

“告诉你一个消息，很怪！”

这人说话时夹着喘息，莲轩知道新得“机关枪”绰号的宣传部长在隔壁了。便听应松厓问：“什么消息？”

“有人说周仲篪回来了，新任不知第几军的秘书长，有两个‘盒子炮’跟着呢！”

“谁看见的？”

“谁看见倒不知道，不过外面传说很盛。”

“不见得确实吧？我知道他躲在上海旅馆里。”应松厓的声调故意作得泰然，但掩不没将信将疑的惶惑。

“本该大书特书把他打倒的。我们为什么终于没有做？”

“机关枪”言下颇有“悔之晚矣”的意味。

莲轩不免好笑；昨晚上还接到仲篪改姓换名的明信片，说“托庇粗安”，怎么忽然当起秘书长来了？他又笑应松厓他们外强中干；周仲篪就是真回来，难道就把他们吃掉了？心思更往深处钻，突然间，仿佛撞见了可爱的光明，他的心不免跳得急促了，想道：也许改变的端倪来了吧。

三

半个月以后，县学里远没有先前那样热闹了；大家已经明白，这里边确实同以前一样，没有什么神秘的东西。几所破旧的殿堂斋舍，有什么可看的？电话机的铃子尽在那里默着，好像哑了似的；偶然丁零零地响起来，也只是问某人在不在罢了。先前为了贡献意见，为了冲突打架，为了请示办法，曾经打电话过来或者亲自跑来的人，现在都在家里擦着眼睛，疑惑地想："不是做了个梦么？"应松厓之流不知道到什么地方去了。他们原无所谓；就大局而言，他们只是港湾里水滩边的几棵小草。但是一阵掀天的恶潮涌起时，余波折入港湾，便把小草冲走了。

然而陈莲轩还是在县学里。不过已移到了隔壁一间：又，以前是守，现在是——该怎么说呢？说他坐镇，该不算辱没吧？——坐镇，这些是不同的地方。

这时候他刚抽罢一支卷烟，好像生命又经过一番刷新，有许多的事要做。如介绍姊丈周仲篪就是其中的一件。他投过一眼看那坐在对面捻着浓黑髭须的仲篪，觉得在任何方面，自己都不如他；现在重要事务正堆到自己身上来，他是个必不可少的帮手，便说："你现在就填一张表格吧；等会儿我来提出。”

仲篪泰然笑说：“填就填一张。论参加革命，你是知道的，我的行辈并不低呢，辛亥光复以前就加入了同盟会。”

“现在‘继续努力’，正是理所应当。”

“确然应当！”

仲篪的神态显得很庄严，又说：“他们小伙子革命，我们已经看过了，结果革成了‘反革命！’（他相信现在确有资格使用这三个字了。）那只好还是我们老辈来革命了。”

莲轩会心地点头；对于自己的出任艰巨，更觉得有重大的意义。

“我那所房子的事也就提一提吧。”仲篪像随便说一声似的，悠然的眼光仰望着承尘。

“是的，我马上要提出。”对于许多要做的事中间的又一件，莲轩很有把握。

“相信大仙，迷信！那当然。不过是人家走上门来烧香求签的，惩罚迷信也罚不到有屋子的人。从今以后，把大仙的神位撤去了也就完事；房子总该发还的。”

这时候菊生从外面跳了进来，还是从前那副起劲的神气（他现在是宣传部长了），对父亲说例会时间已到，许多人坐在会议室里了。

“赶快把表格填了。”莲轩对仲篪说罢，预备站起来，同时默念等会儿要当众背诵的“遗嘱”。

1928 年 7 月 6 日写毕

某镇纪事

甘蔗渣铺得满地，卖豆腐浆的不停地使用他的铜勺；做海棠糕的摊子上，男女手忙脚乱，搅面糊、拨炭炉子、翻转烘到半熟的糕；沿摊子站着男女老少，都瞪着馋馋的眼睛。每年新年头（当然是阴历的），这破寺前的旷场上有类乎这样的热闹。这一天是初夏时令。欣欣然有生意的野草给成百成千只脚践踏着，叶断茎折，疲乏地倒了。人体是前后左右相互接触着、碰撞着。直射的太阳光照在或梳辫或剪发或挽发髻的头顶上，仿佛有一层热气浮起来。汗臭随着不定向的轻风往这边那边吹送。“新年里没有这样挤呀！”“咦，今天的人为什么这样多？”大众喃喃说这些话，足见这天的热闹胜似新年了。

“还不来么？”虽然略带厌倦意味，还是满怀热望的

口吻。

“肚皮饿瘪了。还不来，还得饿。”

“不好回船吃了饭再来么？”

“只怕正回船吃饭，却就来了。”

“我们还是天发亮的时光吃的饭呢。”

“你们哪里？”

“陶村。”

“二十多里路呢。”

“比我们远的还有。东塘也来了好几条船，都走在我们前头。”

“赶春台戏也没有这样起劲。”

“自然咯。春台戏年年看，七省巡按御史一般身份的人，一世也难得见一回。他又是我们大家知道的李大爷的儿子，更要看看他的威风。”

“他的身份，我知道是好比从前的钦差，十八省的事他都管得着。”是傲然的声音，分明嫌那个人说七省短了十一省。

“他该是个高个儿，圆圆的官脸。”

“他十几岁的时光我看见过，矮小得很，瘦瘦的脸，同几个学生就在这场上乱跑。到现在不过十年，想来不会有什么大变化。”

听说看见过，惊异羡慕的眼光从各方射过来，收集这些眼光的便露出得意的神色。

“时来运来，官有官相。我想，现在他一定变成个高个儿，圆圆的官脸了。”

那边有另外的一组在谈话，同这边的一组一样，把声音提得很高。

“老伯伯，你难得，这一把年纪，今天也来看热闹了。”

那老农人抬起红筋满封的病眼，兴奋地说：“我是快要没得看了，故而今天出来看看。你们小伙子，活的日子还多，现当田里忙的时节，何犯着丢下生活也来看热闹？”

“革命里的官府从没见过，谁不想看看？”

“这倒不错。我们都要看看什么叫革命，可是看不清白。有的说革命就是减我们的租米，但是去年并没减。今天到这里来看看革命里的官府李家少爷，在他身上总该看得出点儿什么叫革命来；那么我死了去见阎王也交代得过，总算懂得革命了。”

“我听人家说，革命就是年轻人当权柄，像李家少爷的年纪最交时运，老一点儿的都不行。”

“我听人家说，在这镇上，赵大爷的天下被压倒了；不要他当乡董老爷，不要他管一切的事，全得让给小伙子李家少

爷。”那沙嗓门的中年农人说时故意压低了声音。

“那自然咯。不听见么？李家少爷好比从前的巡按大人，管到一十八省！这里是个镇，就在一十八省里头，本该由他带管。”

“赵大爷也管够了，”先前说话的老农人蹙起眉头回忆，“他当乡董足有三十个年头，起初也是个清秀小伙子，现在胡须都花白了。你们不知道，在他前头当乡董的就是李家少爷的叔祖老爷。现在又轮到了李家。这里的天下，总在他们赵李两家手里。”

“老伯伯说得不错，总在他们赵李两家手里。”

停顿了一会儿，一个说：“这回下来察看了，不知道要怎样办。”

“自然是重兴寺院了。有宋朝画的观世音菩萨，是几千年的东西，还不该改造山门么？”

“真的，敬神奉佛比修桥补路还要紧。”

“那墙壁上画的观世音菩萨，我们也常见，哪知道倒是古董宝贝。”

“你不知道那观世音菩萨也实在灵，对他烧香求儿子，没有不如愿的。他是‘送子观音’。”

“你叫你的家婆来烧个香吧。”

“他的家婆是烧一辈子香也不会生儿子的。不相信，你问他。”

“谁给你说的？”

“哈，哈，哈……”

“来了！”

“来了！”

谁也不知道是谁开头说的，大家只觉得感到一种波动，因而向前后左右碰撞；年轻姑娘不免吃点儿亏，身体的某部分受着故意的倾轧，随即含羞带娇地说些习用的骂人话；同时像感应了电气似的，每个人以为等着瞻仰的人物来了。

“在哪里？”

“在哪里？”

脑袋的海的平面顿时涨起了波浪。

“不是的，是巡警捉赌摊。”

“连人连赌盘带走了。”

“难道那人没有孝敬巡警先生么？”

“不会的，摆到赌摊总懂得规矩。”

“巡警先生很恼怒，在那里咕噜着说，怎么今天也来摆赌摊。”

“为什么唯有今天不好摆？”

“其中总有道理。”

“那么李家少爷还没来呢。”虽然略带厌倦意味，对于未来的瞬间仍旧怀着美满的希望。

李大爷家里差不多像办喜事，只大门上的红绸换了交叉的党国旗（编者注：指国民党党旗和“中华民国”国旗）。十名临时雇工穿着借来的不称身的长衫，跑出跑进像寻食的蚂蚁。香烟要换“白金龙”哩，看茶炉子有没有沸哩，往南栅头去探听汽油船有没有到哩，款留尊客的房间还得作最后的整理哩；他们做来全身是劲儿。桌子、交椅、屏风、炕床，一律是红木的，李大爷陈设了自家所有，还向别家借来了好几套，仿佛是展览全镇木器的精华。几十盆月季是镇上养花名手张家的，散置在各处的几案上，一朵花儿就是一个欢迎的笑脸。

预备尊客住宿的房间在后进，是一平排五楼五底，打扫得不留一丝儿尘埃。上下除开当中的一间，两旁都搭起临时床铺。近二十床的薄绸被也聚集了全镇的精华，有些是新嫁娘借出来的，放散脂粉与发肤混和着的香气。楼上正中一间，朝外放一架留声机，大喇叭张着沉默的笑口。

厨房里，镇上头等名厨叫作阿鲜的正在检点特地进城瞒过反日会向南货铺私下买来的鱼翅，他唯恐等会儿端上去，李大爷皱皱眉头，嫌他煮得不烂。白板桌上，盛在白洋瓷盆里的巧克力糖有点儿融化了，消失了方形的棱角；剖开的花旗蜜桔引来三四个苍蝇，摇头搓脚表示尝到了异味的欢喜。野鸡的尸骸横躺在灶沿，精赤的胸脯肉显露一二处中了枪弹的伤痕。野鸡的脚爪边躺着浮切了四五刀的鳜鱼，张开大嘴，等着到沸滚的油里去游泳。

这一回，阿鲜可也“才尽”了。问他顶丰盛顶讲究的筵席会弄么，他回说还不是爷们吃惯了的八元席。说八元席太寒伧了，得好好儿加些名色，他回说那只有进城去挑选上好的鱼翅、燕窝、白木耳，一面呢，用了鸡鸭再加上几色野味。又问能不能再讨好点儿，他回说再讨好十倍也愿意，怎样下手容他细细想。但是他想了两天两夜，把知道的食谱都背熟了，还是想不出再讨好点儿的头绪。第三天他灵机忽动，马上搭小火轮跑上海。回来时带着一大网篮西式点心糖果以及渡过太平洋远道而来的桔子、苹果之类，阿鲜说，这叫没法里想出办法来。在这镇上，大批地消费这类东西，的确是破天荒。

一个雇工气咻咻地跑进厨房：“喂，阿鲜，李大爷特地叫我赶回来吩咐你，等会儿鱼翅要做各客的。”

“知道了。幸亏我预备得多。”

阿鲜一转身又去检点下手剥好的莲心；他知道吃了他生平第一大手笔的菜的尊客，一定不吃干饭吃稀饭，格外讨好，在他的食单上准备了百果粥。

汽油船慢慢靠岸，公安分所仅有的两只军号吹起致敬礼的调子，二十四名警察双手举枪，站成两垛墙，中间是一条衖；警察的墙外探起无数脑袋，虽然阳光照耀，每个脑袋的两

个眼睛都睁得很大。埠头上站满迎接的士绅，或脱帽，或作揖，或扬起一只手，各人表演自以为最适当的姿势。这地方嚷嚷了有两三个钟头，这会儿却完全静下来了，让军号声独自占领了空间。每一个人感觉全身紧张，每一颗心的跳动不同寻常。

委员专家们登岸了。士绅上前寒暄，逐一递呈名片，这才觉得肩背上轻松了些。

“贵处有这样的古迹，光荣之至。设法保存，自是目前紧要的事。”

以东道主自居的李大爷正在肚里斟酌答语，乃郎却抢着说：“我们先去看过观音画像再休息吧。各位急切要赏鉴古美术，想必同意。”

“当然先去看。”

“那么我们往寺里走。”说着，按一按中山服的领圈，像带队的兵官一样在前头大踏步走。

李大爷看儿子脱略礼数，未免暗地咂嘴；但从另一方面想，却大有可以欣慰之处，便堆着笑脸与其他士绅让尊客们先走，说着这里没有车，竹轿太不舒服，只好有劳贵步之类的抱歉话。

二里长的市街一清早由公安分所的清洁夫打扫干净了，

是真扫，也算得干净。各家的盆桶篮子以及卖东西的摊子一律不准沿街摆，街就似乎宽了好多。站岗警察拦住两旁的人，要站成截齐的一线。在这中间，穿长衫的与穿中山服的混合着的行列徐徐经过。随后是掮枪开慢步的二十四名警察。再后是先前在南栅头伸长了脖子看的人们，他们不免嘻嘻哈哈，但是能节制，不至过于放纵，正像迎神赛会时跟在神轿背后走一样。

一家布店的伙计低低向站在柜台前的警察说：“你为什么把枪放下了？走在最后的两个穿布长衫的老头子，是鼎鼎有名的委员呢，报上常有他们的照片。”

“真的么？”这念头蓦地在那警察的心头刺戳，他缩回擦额汗的手重又举枪，没想到两个穿布长衫的老头子早已走过了。

“你看，李家的儿子好势威，带了一大批阔人来。”

“他到底当的什么差使？”

“有人说他当了巡按大人了，引得团团二三十里的乡下人都摇船来看，此刻寺场上比年初一还挤，挤到十倍还不止。其实革命时代哪里有什么巡按大人！巡按大人明朝才有，听说书就知道。”

“他的职位总不小吧？”

“没有什么，是什么地方——倒忘记了——一个调查员。”

“听老李在茶馆里亲口说的么？”

“虽不是老李亲口说，是听老李的妻舅王老三说的，靠得住。”

“就是调查员，将来总有执行委员的巴望，只要看同他一道来的是何等样人物。”是咀嚼着得意风光而吐露出来的叹羡的调子。

寺场上群众又是一阵波动，脑袋的海的波浪汹涌起伏，更比先前厉害。嘈杂的人声凝成压在头顶上的团块。太阳转了西，照见每个脸上都亮光光的，像涂了一层油，然而并不显得疲乏；好比看春台戏，是业余的有兴的游乐，晒点儿太阳哪里算一回事？“这回真的来了！”大家受到这样的默示，恍惚地想将要显现在眼前的景象该是这样：李家少爷像戏台上的大官员，穿起不知什么花色的大袍，拂袖，做身段；不是四个便是八个跟班，两旁护卫，手里执着长旗和枪刀，其中一个也许带一支有小流苏的马鞭……

但是，行列到山门时，阵势忽然改变，二十四名警察围成圈子，把闲杂人拦开，让尊客们士绅们走在中心；这不得不靠枪柄的帮助，于是“哎呀！”“唷唷！”“怎么就打？”种

种叫声历乱齐作，而波动也更加扩大，直到大殿的前阶；有些人竟至于脚不点地，身体让别人的身体给抬起来了。

一个老委员低低地叹了一声气，他想起平时说得烂熟的“民众”两个字，明明在民众中间，却给武装的墙把自己同他们分隔开了。然而这只同诗人言愁说恨一样，是淡而又淡的感想，况兼这样的经历，年来已经见惯，再一转念时，也就没有什么。他于是仰起了头，悠然望那山门顶上颇为精工可是残破了的人物浮雕。

另一个老委员随口说：“这里人这么多。”

“是本镇和附近各乡的民众，特地来瞻仰先生们的。”李大爷的儿子想这句话算不得谄媚，可是很得体。

尊客们听了都相信，大家让各地的民众瞻仰过来了，这里的民众当然有他们的一份。

“哪一个呢？”

“哪一个呢？”

“喏，那个穿外国衣裳的。”

“是么？”

“看不见呀！”

眼光从警察的肩头和胁下历乱地射过去，身躯吃饱了枪柄，还是看不真切，圈子里一簇人，不知道谁是有巡按大人身份的李家少爷。看得清楚的是圈子里并没有穿着不知什么花色的大袍、拂袖、做身段的人物，对于这一点，群众颇有点儿爽然。

专家发现了隐在山门背面墙角里的一块碑，要去看，以警察为边缘的整个集团便向墙角移动。碑面长着苔藓，又有积年的尘垢，字迹模糊了。李大爷满不在乎地掏出一方洁白的绸手巾，抢前一步，去擦那石碑。

其他的客人想这位乡绅考古的嗜好竟比专家还胜一筹，在这样的场合，是应该也读一读那模糊的碑文的，便都伛着身躯让眼睛凑近去。

随后是专家的考证和论断，其他诸人的唯唯诺诺。

集团以外的群众是莫名其妙，约略望见这一簇人对着一块破烂石板，你也摸一摸，我也相一相，像发现了珍奇的宝贝。

“他不是高个子呢。”

“好像脸也不见得圆圆的。”

“你说他一只手能管天下百姓的事么？”

“为什么不能？你看他带着一大批老的少的，不管天下事哪里有这许多跟班？”

“穿起外国衣裳总不像个大官府。”

“革命里的官府，派头就是这样，都穿外国衣裳。”

一壁议论，一壁窥伺探望，待发现了心目中以为是李家少爷的人物时，各自贪婪地但又茫然地朝他看个不歇。传说了好几天，盼望了好几天，又在这寺场上等候了大半天的无所为的希望总算达到了，身份好比巡按大人的人物总算看见了。

但是，一个人用冷笑的声音说：“李家少爷哪里有工夫来，来的是他的替身！”

这句话的力量可不小，凡是听到的，心里都疑惑，都失望：“难道李家少爷真不得看见么？”同时又想到丢了田里的活，来这里白站白饿大半天，未免不值得。

这时候，集团分开挤紧的人群向大殿转移。大殿正门像怪物的张开的大口，里面一片乌黑。尊客们士绅们被吞进去时，阵势又一变，二十四名警察当门一字儿排开，代替了栅栏。

“他们进去拜观音菩萨了。”

“拜菩萨去了。”

“……菩萨……”

1929 年 8 月 25 日写毕

多收了三五斗

万盛米行的河埠头，横七竖八停泊着乡村里出来的敞口船。船里装载的是新米，把船身压得很低。齐船舷的菜叶和垃圾给白腻的泡沫包围着，一漾一漾地，填没了这船和那船之间的空隙。

河埠上去是仅容两三个人并排走的街道。万盛米行就在街道的那一边。朝晨的太阳光从破了的明瓦天棚斜射下来，光柱子落在柜台外面晃动着的几顶旧毡帽上。

那些戴旧毡帽的大清早摇船出来，到了埠头，气也不透一口，便来到柜台前面占卜他们的命运。

“糙米五块，谷三块。”米行里的先生有气没力地回答他们。

“什么！”旧毡帽朋友几乎不相信他们的耳朵。美满的希

望突地一沉，一会儿大家都呆了。

“在六月里，你们不是卖十三块么？”

“十五块也卖过，不要说十三块。”

“哪里有跌得这样厉害的！”

“现在是什么时候，你们不知道么？各处的米像潮水一般涌来，过几天还要跌呢！”

刚才出力摇船犹如赛龙船似的一股劲儿，现在在每个人的身体里松懈下来了。今年天照应，雨水调匀，小虫子也不来作梗，一亩田多收这么三五斗，谁都以为该得透一透气了。哪里知道临到最后的占卜，却得到比往年更坏的课兆！

“还是不要粜的好，我们摇回去放在家里吧！”从简单的心里喷出了这样的愤激的话。

“嗤，”先生冷笑着，“你们不粜，人家就饿死了么？各处地方多的是洋米、洋面，头几批还没吃完，外洋大轮船又有几批运来了。”

洋米，洋面，外洋大轮船，那是遥远的事情，仿佛可以不管。而不粜那已经送到河埠头来的米，却只能作为一句愤激的话说说罢了。怎么能够不粜呢？田主方面的租是要缴的，为了雇帮工，买肥料，吃饱肚皮，借下的债是要还的。

“我们摇到范墓去粜吧。”在范墓，或许有比较好的命运等候着他们，有人这么想。

但是，先生又来了一个“嗤”，捻着稀微的短髭说道：“不要说范墓，就是摇到城里去也一样。我们同行公议，这两天的价钱是糙米五块，谷三块。”

“到范墓去粜没有好处，”同伴间也提出了驳议，“这里到范墓要过两个局子，知道他们捐我们多少钱。就说依他们捐，哪里来的现洋钱？”

“先生，能不能抬高一点？”差不多是哀求的声气。

“抬高一点，说说倒是很容易的一句话。我们这米行是拿本钱来开的，你们要知道，抬高一点，就是说替你们白当差，这样的傻事谁肯干？”

“这个价钱实在太低了，我们做梦也没想到。去年的粜价是七块半，今年的米价又卖到十三块，不，你先生说的，十五块也卖过；我们想，今年总要比七块半多一点吧。哪里知道只有五块！”

“先生，就是去年的老价钱，七块半吧。”

“先生，种田人可怜，你们行行好心，少赚一点吧。”

另一位先生听得厌烦，把嘴里的香烟屁股扔到街心，睁大了眼睛说：“你们嫌价钱低，不要粜好了。是你们自己来的，并没有请你们来。只管多啰唆做什么！我们有的是洋钱，不买你们的，有别人的好买。你们看，船埠头又有两只船停在那里了。”

三四顶旧毡帽从石级下升上来，旧毡帽下面是表现着希望的酱赤的脸。他们随即加入先到的一群。斜伸下来的光柱子落在他们的破布袄的肩背上。

“听听看，今年什么价钱。”

“比去年都不如，只有五块钱！”伴着一副懊丧到无可奈何的神色。

“什么！”希望犹如肥皂泡，一会儿又迸裂了三四个。

希望的肥皂泡虽然迸裂了，载在敞口船里的米可总得粜出；而且命中注定，只有卖给这一家万盛米行。米行里有的是洋钱，而破布袄的空口袋里正需要着洋钱。

在米质好和坏的辩论之中，在斛子浅和满的争执之下，结果船埠头的敞口船真个敞口朝天了；船身浮起了好些，填没了这船那船间的空隙的菜叶和垃圾就看不见了。旧毡帽朋友把自己种出来的米送进了万盛米行的廒间，换到手的是或多或少的一叠钞票。

“先生，给现洋钱，不行么？”白白的米换不到白白的现洋钱，好像又被他们打了个折扣，怪不舒服。

“乡下曲辫子！”夹着一枝水笔的手在算盘珠上，鄙夷不

屑的眼光从眼镜上边射出来，“一块钱钞票就作一块钱用，谁好少作你们一个铜板。我们这里没有现洋钱，只有钞票。”

“那么，换中国银行的吧。”从花纹上辨认，知道手里的钞票不是中国银行的。

“吓！”声音很严厉，左手的食指强硬地指着，“这是中央银行的，你们不要，可是要想吃官司？”

不要这钞票就得吃官司，这个道理弄不明白。但是谁也不想弄明白；大家看了看钞票上的人像，又彼此交换了将信将疑的一眼，便把钞票塞进破布袄的空口袋或者缠着裤腰的空褡裢。

一批人咕噜着离开了万盛米行，另一批人又从船埠头跨上来。同样地，在柜台前迸裂了希望的肥皂泡，赶走了入秋以来望着沉重的稻穗所感到的快乐。同样地，把万分舍不得的白白的米送进万盛的廒间，换到了并非白白的现洋钱的钞票。

街道上见得热闹起来了。

旧毡帽朋友今天上镇来，原来有很多的计划的。洋肥皂用完了，须得买十块八块回去。洋火也要带几匣。洋油向挑着担子到村里去的小贩买，十个铜板只有这么一小瓢，太吃亏了；如果几家人家合买一听分来用，就便宜得多。陈列在橱窗里的花花绿绿的洋布听说只要八分半一尺，女人早已眼红了好久，今天粜米就嚷着要一同出来，自己几尺，阿大几尺，阿二几尺，都有了预算。有些女人的预算里还有一面蛋圆的洋镜，一方雪白的毛巾，或者一顶结得很好看的绒线的小囝帽。难得今年天照应，一亩田多收这么三五斗，把一向捏得紧紧的手稍微放松一点，谁说不应该？缴租，还债，解会钱，大概能够对付过去吧；对付过去之外，大概还有多余吧。在这样的心境之下，有些人甚至想买一个热水瓶。这东西实在怪，不用生火，热水冲下去，等会儿倒出来照旧是烫的；比起稻柴做成的茶壶窠来，真是一个在天上，一个在地下。

他们咕噜着离开万盛米行的时候，犹如走出一个一向于己不利的赌场——这回又输了！输多少呢？他们不知道。总之，袋里的一叠钞票没有半张或者一角是自己的了。还要添补上不知在哪里的多少张钞票给人家，人家才会满意，这要等人家说了才知道。

输是输定了，马上开船回去未必就会好多少；镇上走一转，买点东西回去，也不过在输账上加上一笔，况且有些东西实在等着要用。于是街道上见得热闹起来了。

他们三个一群，五个一簇，拖着短短的身影，在狭窄的街道上走。嘴里还是咕噜着，复算刚才得到的代价，咒骂那

黑良心的米行。女人臂弯里钩着篮子，或者一只手牵着小孩，眼光只是向两旁的店家直溜。小孩给赛璐珞的洋团团、老虎、狗，以及红红绿绿的洋铁铜鼓、洋铁喇叭勾引住了，赖在那里不肯走开。

“小弟弟，好玩呢，洋铜鼓，洋喇叭，买一个去。”故意作一种引诱的声调。接着是——咚，咚，咚，——叭，叭，叭。

当，当，当——“洋瓷面盆刮刮叫，四角一只真公道，乡亲，带一只去吧。”

“喂，乡亲，这里有各色花洋布，特别大减价，八分五一尺，足尺加三，要不要剪些回去？”

万源祥大利老福兴几家的店伙特别卖力，不惜工本叫着“乡亲”，同时拉拉扯扯地牵住“乡亲”的布袄；他们知道唯有今天，“乡亲”的口袋是充实的，这是不容放过的好机会。

在节约预算的踌躇之后，“乡亲”把刚到手的钞票一张两张地交到店伙手里。洋火、洋肥皂之类必需用，不能不买，只好少买一点。整听的洋油价钱太“咬手”，不买吧，还是十个铜板一小瓢向小贩零沽。衣料呢，预备剪两件的就剪一件，预备娘儿子俩一同剪的就单剪了儿子的。蛋圆的洋镜拿到了手里又放进了橱窗。绒线的帽子套在小孩的头上试戴，刚刚合适，给爷老子一句“不要买吧”，便又脱了下来。想买热水瓶的简直不敢问一声价。说不定要一块块半吧。如果不管三七二十一买回去，别的不说，几个白头发的老太公老太婆就要一阵阵顿地骂：“这样的年时，你们贪安逸，花一块块半买这些东西来用，永世不得翻身是应该的！你们看，我们这么一把年纪，谁用过这些东西来！”这啰唆也就够受了。有几个女人拗不过孩子的欲望，便给他们买了最便宜的小洋团团。小洋团团的腿臂可以转动，要他坐就坐，要他站就站，要他举手就举手；这不但使拿不到手的别的孩子眼睛里几乎冒火，就是大人看了也觉得怪有兴趣。

“乡亲”还沽了一点儿酒，向熟肉店里买了一点儿肉，回到停泊在万盛米行船埠头的自家的船上，又从船梢头拿出盛着咸菜和豆腐汤之类的碗碟来，便坐在船头开始喝酒。女人在船梢头煮饭。一会儿，这条船也冒烟，那条船也冒烟，个个人淌着眼泪。小孩在敞口朝天的空舱里跌跤打滚，又捞起浮在河面的脏东西来玩，唯有他们有说不出的快乐。

酒到了肚里，话就多起来。相识的，不相识的，落在同一的命运里，又在同一的河面上喝酒，你端起酒碗来说几句，我放下筷子来接几声，中听的，喊声“对”，不中听，骂一顿，大家觉得正需要这样的发泄。

“五块钱一担，真是碰见了鬼！”

“去年是水灾，收成不好，亏本。今年算是好年时，收成好，还是亏本！”

“今年亏本比去年都厉害；去年还粜七块半呢。”

“又得把自己吃的米粜出了。唉，种田人吃不到自己种出来的米！”

“为什么要粜出去呢，你这死鬼！我一定要留在家里，给老婆吃，给儿子吃。我不缴租，宁可跑去吃官司，让他们关起来！”

“也只好不缴租呀。缴租立刻借新债。借了四分钱五分钱的债去缴租，贪图些什么，难道贪图明年背着更重的债！”

“田真个种不得了！”

“退了租逃荒去吧。我看逃荒的倒是满惬意的。”

“逃荒去，债也赖了，会钱也不用解了，好打算，我们一块儿去！”

“谁出来当头脑？他们逃荒的有几个头脑，男男女女，老老小小，都听头脑的话。”

“我看，到上海去做工也不坏。我们村里的小王，不是么？在上海什么厂里做工，听说一个月工钱有十五块。十五块，照今天的价钱，就是三担米呢！”

“你翻什么隔年旧历本！上海东洋人打仗，好多的厂关了门，小王在那里做叫化子了，你还不知道？”

路路断绝。一时大家沉默了。酱赤的脸受着太阳光又加上酒力，个个难看不过，好像就会有殷红的血从皮肤里迸出来似的。

“我们年年种田，到底替谁种的？”一个人呷了一口酒，幽幽地提出疑问。

就有另一个人指着万盛的半新不旧的金字招牌说：“近在眼前，就是替他们种的。我们吃辛吃苦，赔重利钱借债，种了出来，他们嘴唇皮一动，说‘五块钱一担！’就把我们的油水一股脑儿吞了去！”

“要是让我们自己定价钱，那就好了。凭良心说，八块钱一担，我也不想多要。”

“你这囚犯，在那里做什么梦！你没听见么？他们米行是拿本钱来开的，不肯替我们白当差！”

“那么，我们的田也是将本钱来种的，为什么要替他们白当差！为什么要替田主白当差！”

“我刚才在廒间里这么想：现在让你们占便宜，米放在这里；往后没得吃，就来吃你们的！”故意把声音压得很低，网着红丝的眼睛向岸上斜溜。

“真个没得吃的时候，什么地方有米，拿点来吃是不犯王法的。”理直气壮的声口。

“今年春天，丰桥地方不是闹过抢米么？”

“保卫团开了枪，打死两个人。”

“今天在这里的，说不定也会吃枪，谁知道！”

散乱的谈话当然没有什么议决案。酒喝干了，饭吃过了，大家开船回自己的乡村。船埠头便冷清清地荡漾着暗绿色的脏水。

第二天又有一批敞口船来到这里停泊。镇上便表演着同样的故事。这种故事也正在各处市镇上表演着，真是平常而又平常的。

“谷贱伤农”的古语成为都市间报上的时行标题。

地主感觉收租棘手，便开会，发通电，大意说：今年收成特丰，粮食过剩，粮价低落，农民不堪其苦，应请共筹救济的方案。

金融界本来在那里要做买卖，便提出了救济的方案：1. 由各大银行钱庄筹集资本，向各地收买粮米，指定适当地点屯积，到来年青黄不接的当儿陆续售出，使米价保持平衡；2. 提倡粮米抵押，使米商不至群相采购，造成无期的屯积；

3. 由金融界负责募款，购屯粮米，到出售后结算，依盈亏的比例分别发还。

工业界是不声不响。米价低落，工人的“米贴”之类可以免除，在他们是有利的。

社会科学家在各种杂志上发表论文，从统计，从学理，指出粮食过剩之说简直是笑话；“谷贱伤农”也未必然，谷即使不贱，在帝国主义和封建势力双重压迫之下，农也得伤。

这些都是都市里的事情，在“乡亲”是一点儿也不知道。他们有的粜了自己吃的米，卖了可怜的牛，或者借了四分钱五分钱的债缴租；有的挺身而出，被关在拘押所里，两角三角地忍痛缴纳自己的饭钱；有的沉溺在赌博里，希望骨牌骰子有灵，一场赢它十块八块；有的求人去说好话，向田主退租，准备做一个干干净净的穷光蛋；有的溜之大吉，悄悄地爬上开往上海的四等车。

1933 年 7 月 1 日发表

半　年

半年里头，我进了两个学校。下半年进哪一个学校，现在还不知道呢。

年头上，我家搬到上海来，爸爸妈妈送我进文明小学。那个学校里的同学，有许多是包车送来的，中午吃饭，下午放学，也是包车来接。又有十来个同学，来回都是汽车。娘姨坐在旁边陪着，不然就是男仆人。有几辆汽车，汽车夫旁边坐着罗宋人，头发同黄牛毛一样颜色。我家离学校近，不用坐什么车，不是爸爸就是妈妈带着我，一会儿就到了。过了十

来天以后，我可以独个儿来去，不用爸爸妈妈带了。

那个学校里只有校长是男先生，以外都是女先生。我在二年级，女先生叫张先生，披着一头曲头发。她自己每天穿新衣服，她也喜欢我们穿新衣服。谁穿了新衣服到校，她就“趣呀”“漂亮呀”说上一大堆，拉住他的手，把他抱在怀里。她常常对我们说：“你们家里有新衣服，不要舍不得穿。小朋友个个都穿新衣服，我们的学校才好呢。”

一天放学的时候，她对我说：“你这件棉袍子，袖口都破了，还舍不得换一件吗？明天再不要把它穿来了。最好不要穿袍子，穿袍子没有精神。最好像江成他们那样，穿一身小西装，又好看，又有精神。”

她这么一说，我也觉得棉袍子不好看，江成他们的小西装好看。回到家里，就把她的话告诉妈妈，我说我要一身小西装。

妈妈说：“一身小西装，哪有这么容易？我给你把袖口缝一缝吧。”

我说：“张先生说过，明天再不能把它穿去了。小西装不容易，换穿一件别的衣服去吧。”

妈妈说：“缝好了袖口，就没有什么了。现在天气还冷，不穿棉袍子穿什么呢？”

我说：“随便什么新衣服都好。”

妈妈拍拍我的肩膀，说：“孩子，你哪里有什么新衣服？”

我着急了，心里好像压了一块砖头。当天晚上我做了梦。梦见张先生抱住我，“趣呀”“漂亮呀”说上一大堆。我看自己身上，正是一身小西装，比江成他们的都好看。不知道怎么一来，我的小西装忽然没有了，吓得我拉直了喉咙哭起来……

第二天早上，妈妈还是叫我穿那件棉袍子。我真想赖学，可惜没有名目，身上不发烧，嗽也不咳一声。爸爸说：“上学去吧。”我只好跟着他走。

张先生看见我了，立刻拉住我的肩膀，骂我说：“怎么还是穿这件棉袍子！昨天不是关照过你，叫你再不要把它穿来了吗？”

她的脸很可怕，像《图画故事》里的凶恶的狮子。我不敢看，看着地板，回答她说：“妈妈说的，现在天气还冷，只有穿棉袍子。袖口破的地方，她给我缝好了。”我把手举起来，让她看袖口。

她把身子转过去，不要看我的袖口。她狠狠地说：“真要命！一件衣服都换不出，还读什么书！”她走开了。

几个同学站在我旁边笑。我很难过，只想躲到什么地方去。

过了两三个星期，张先生叫我们捐钱买飞机。她说，谁捐满两块钱，就有一个很好看的徽章，金黄的底子，刻着一架小小的飞机。我回家就告诉爸爸妈妈，我也要捐两块钱。他们说："我们不想捐。"我没有法子想，只好让别人去得到那很好看的徽章。我又想，说不定那徽章并不真好看，比我的嵌花玻璃球差得多呢。

许多同学都捐了钱。有的是今天四角，明天四角，一天天加起来。有的是一回就是两块三块。李克修最多，他一回捐了六块钱。张先生把他们的名字写在小黑板上，下面写捐钱的数目，李克修的名字上头特别加上三个圈。她每天报告说："今天又有几个小朋友捐了钱，我很欢喜。"她又说，"谁能像李克修那样捐得多，我就更欢喜了。"

捐满两块钱的都得到了徽章，真好看，比我的嵌花玻璃球好看得多。一架小小的飞机正在斜飞，开飞机的人都看得清楚。金黄的底子好像布满太阳光的天空。一条短链条也是金黄色。只要用一只别针，就可以挂在衣襟上。我在学校里跑来跑去，时常碰见挂上徽章的衣襟。我的衣襟上也要有一个徽章才好呢。

我又对妈妈说了：“每天捐一角钱两角钱，捐满了两块钱就不捐，好不好？”

妈妈说：“爸爸说过不捐了。我想，捐不捐本来随便的，你不捐也没有什么要紧。”

唉，妈妈不知道我的心！我要一个好看的徽章，我要得到一个徽章挂在衣襟上。

可巧张先生问到我了。她说：“你为什么一个钱也没有捐？你看，许多小朋友差不多都捐了。今天回去问一声你爸爸妈妈，到底捐多少。明天就把钱带来。”

我高兴得很，跑到家里撞见爸爸，就对他说：“张先生叫我问一声爸爸妈妈，到底捐多少钱。”

爸爸说：“我老早说过了，我们不想捐。你就这么回答张先生好了。”

我说：“不，张先生叫我明天带钱去呢。”

爸爸笑了，他说：“我们不捐，带什么钱去！”

唉，爸爸也不知道我的心！我要一个好看的徽章，我要得到一个徽章挂在衣襟上。

我想到张先生的狮子样的脸，又巴望能赖学。但是我没有真个赖，第二天还是到了学校。我不敢让张先生看见，她走过来，我就避开。

上课的时候可避不开了。她走进教室，第一个就问我：“今天把钱带来了没有？”

我只好老实说：“爸爸说的，我们不想捐。”

狮子样的脸果真出现了。她大声说：“吓，一点儿爱国心都没有，还读什么书！”

我把她那句话念熟了，回家背给爸爸听。爸爸说：“那就不要到这个学校读书吧。待我打听打听，送你进别的学校去。”

我就此不做文明小学的学生了。想起那徽章实在好看，可惜爸爸不肯捐钱，没有弄到一个挂在衣襟上。

不多几天，爸爸打听到一个学校了，叫进化学校，有小学，也有中学，就把我送进去。那一天下雨。走进门，一个小操场上全是鞋印，每一个鞋印积着一片水，我们用脚尖踮过去，皮鞋头沾了厚厚的一层泥。

校长叫王先生，一个大胖子，脸好像一直在那里笑。爸爸付给他学费，他说了不知多少声的“谢谢”，然后把钞票放进一个小皮夹里。他对我们说，二年级的级任叫小王先生，是他的儿子。

小王先生年纪很轻，叫他先生，还不如叫他哥哥。他上课总给我们讲故事。老雄鸡的故事讲完了，大家叫唤：“小王

先生，再讲一个！”他就再讲老母鸡的故事。有时候叫得他动怒了，他就走过来，举起教鞭，好像要打的样子。真打的时候也有，教鞭落在胳臂上、肩膀上、或者手上。我没有给他打过。不是我不叫，不过叫得轻一点，他没有听清楚。

那个学校里的桌子椅子比文明小学差得远了。木板裂了缝，黑漆退了色。时常听得啪嗒一声，抽屉掉下来了，书纸笔墨散了一地。我同一个塌鼻子的同学合坐一把椅子。椅子脱了榫，那个塌鼻子的同学没有一刻停的，我就好像一直坐在电车里。

那个学校里，同级的同学比文明小学少得多，只有三十一个，文明小学有五十八个呢。别级的同学也并不多，我站在别级的教室门口看看，总有十来把二十来把空椅子。进校的第一天，王先生对我爸爸说过：“今年年成不好，中学小学一共只有两百多学生。前年最好，有到四百五十三个呢。”

文明里有花园，有放在花园旁边的绿色小长椅，有秋千架，有浪船，有小图书馆，这些东西，进化里都没有。文明里好玩，进化里一点儿没有好玩的，散了课只好在小操场上乱跑，雨天就靠在廊柱上看一条条的雨线。不过张先生变起狮子样的脸来，我真害怕。小王先生要打人，但是他并不打我。他待我很好，说我清洁，又说我功课好，读书写字都是个“优”。我有点儿喜欢文明，也有点儿喜欢进化。

一天，学校里出事了，大的同学小的同学在操场上挤成一堆，大家喊说：“我们不上课了！”小王先生把我们二年级生招到教室里去，还是给我们教“国语”。外面的声音闹得厉害，谁还有心思听他讲什么。他没有办法，只好说：“你们回去吧，今天不上课了。”

我提了书包走回去，听同学在那里讲，才知道王先生欠了几位先生的钱，拿不出来，几位先生要他拿出钱来才上课，他躲起来了，几位先生也就不上课了。

第二天，我到学校里去，小王先生也不见了，只见大的同学小的同学还是在操场上挤成一堆，预备室里几位先生在那里抽香烟。

一个穿青色衬衫的大的同学忽然喊起来：“我们拥护我们的教师！我们要向校长算账！”

许多同学跟着喊起来：“我们拥护我们的教师！我们要向校长算账！”

我想课是上不成了，也没有人来叫我做什么，我就回到家里。妈妈说：“明天也不必去了。哪一天上课，总会来通知的。”

过了三四天，邮差送来两封信，都是进化学校的信封，里面的信都是油印的。我想是来通知上课的日子了。妈妈看了，告诉我说：“不是的。一封是校长写的，他说实在拿不出钱来，并不是有意欠教员的钱。一封是教员写的，把校长大骂一顿，说若不拿出钱来，请他吃官司。”妈妈又说，“我们又不是他们的上司，拿这些话来告诉我们做什么！”

通知上课的信一直不来。爸爸看了报，知道校长还是躲在什么地方不露脸，教员把他告到教育局里去了。我想起校长好像一直在那里笑的脸，不知道他是不是还在那里笑。

一个新办的学校的招生信倒寄来了，叫维新小学，在逢源里，就是进化的几位先生办的。信里说，他们不愿意让进化的学生没有书读，所以办起这个学校来，进化的学生如果去报名，学费可以特别便宜。

爸爸妈妈看了信，差不多一齐说：“再说吧。少读几天书也没有什么要紧。”

维新小学的信接连来了四五封，再后的几封，爸爸妈妈看都没有看，就丢在字纸篓里。他们的意思，要把我送进一个好一点儿的小学去。如果距离远，预备搬一回家。

但是问了两三个好一点儿的小学，都说眼前是不收，下半年收不收，要看有没有空额。爸爸对他们说：“让我先报个名吧。”他们把我的名字记在一本簿子上。

就是这样，半年里头，我进了两个学校。哪一个好一点儿的小学有空额，下半年让我进去，现在还不知道呢。

1935 年 7 月 15 日发表

一个小浪花

吴先生忽地站起来，把收音机的开关旋转，室内就显得异常静寂，只从后进的屋子送来轻微的骨牌声。

“阿二，”吴先生把电灯开关也关上，不耐烦地跑出书室，“快去点灯，我立刻要出去。”

“噢，是啦。”

吴夫人在后进听见了，娇声娇气地问：“谁又请你吃酒？吃了酒早点回来。这几天天气不好，露水重，回来晚了恐防伤风。”

“谁吃什么酒！”吴先生咕噜了一声，急忙赶到门前。阿二正在那里点着灯，吴先生就跨过阿二的肩膀坐上包车。

“先生，到哪里？”阿二把自来火盒儿塞进衣袋，随即把车柄提起。

“不到哪里，你拉着跑就是了。”

胶皮轮在碎石路上一高一低地转动。晚风吹乱吴先生的头发，使他不由自主地抬起手来梳掠，这才省悟忘戴了呢帽子。

“这里停一停，”吴先生伸出右手，手里拿着一张钞票，“兑五块钱铜板。”

阿二放下车柄，接了钞票，向烟纸店兑铜板。洋价三千四,五块钱兑换整整的十七包。两手捧着，放上包车的脚踏，阿二重又拔脚奔跑。

“再兑五块钱铜板。”吴先生手里又是一张钞票。他瞅见那块搪瓷牌，不禁咕噜说，“这一家只有三千三百九，要吃亏五个铜板呢。”可是他并不把拿着钞票的手缩回来。

阿二有点儿摸不清头脑，向主人家看了一眼，又去捧来一堆铜板压在脚踏上。

就像这样，遇见烟纸店就兑钱，兑了钱再跑。跑过几条大街，吴先生的下半截身躯差不多给铜板围困住了，脚踏上是铜板，齐到膝盖，坐垫下是铜板，把坐垫顶了起来，屁股两旁是铜板，嵌得坐骨部分很不舒服，大腿上也是铜板，只觉得行一步加重一步。

“好了，”吴先生气喘吁吁地说，“回去吧。”

阿二口也不开，咽了口气就跑回头路。他脸上挂着曲折的小河流。

到家里的时候，吴夫人的麻将局已经散场，客人去了，吴夫人陪着老太太在那里剥莲心。

阿二跟着吴先生把第一捧的铜板送进来，放在板壁脚下。吴夫人就问："你没有去吃酒吗？兑了这些铜板做什么？"

"何止这些？我出去一趟，兑了一百零五块钱的铜板呢。实在车子里放不下了，不然还得多兑。"

"发什么痴？"吴夫人有点儿惊讶。

阿二用衣袖擦着脸上的汗，暂时站定不动，一双眼睛看定主人家，肚子里也含着一句"你发什么痴？"。

"发痴？"吴先生两手执着拳头捶两条大腿，"你看，明天洋价准保大跌，或是三千，或是二千，都说不定。今天我兑一百零五块钱，至少可以便宜一二十块钱。"说到这里，他吩咐阿二说，"外面的铜板再去拿进来呀。"

待阿二走了，吴先生凑近吴夫人和老太太的座头，轻轻地说："我们好久好久担心着的那件事情，明天要来了！"

"真的吗？"吴夫人和老太太立刻会意，差不多齐声喊出来。

"怎么不真？我听见无线电的报告，说那件事情来了，就在明天！”

“你这个……”吴夫人霍地站起来，顿了一顿，转换话头说，“你怎么不早点对我说？倒去兑铜板！你以为一二十块钱便宜得要命了，不想想吃亏的地方何止十个一二十块钱，何止二十个三十个一二十块钱！”

“便宜一二十块钱总是好的。”老太太下不来判断，只是依照老习惯回护她的儿子。

“现在什么时候了？”吴夫人看手表，“七点三十八分。夜市还没有收。我要出去买东西。”

“你去买什么？”老太太问。

“我去兑几副镯子。虽然乡气腾腾不要戴，摆在那里究竟是硬货。”

“不错，究竟是硬货。”老太太表示极端信服。

吴先生搔搔头皮，颓丧地说：“银行要明天上午九点才开门呢。”

“你不用管。阿二，你的铜板不要搬进来了，就放在门房里。我立刻要出去。”

“噢，是啦。”阿二放下第二捧的铜板，转身向外跑。

吴夫人匆匆洗了手，衣服也不换，拿起小皮包赶到门前。坐垫底下的铜板还没有拿出来，这使她生气了：“讨厌！快点！快点！”

阿二急急忙忙来回两趟，才把坐垫底下的铜板出清，他自己就像预备去攫取鸟兽的猎狗一样，伏在两条车柄中间。

吴夫人坐上包车，简洁地说：“到紫阳街天宝。”

天宝里的几个伙计正在那里打呵欠。电灯光照着玻璃橱里的那些银家伙，店堂里好像月光下的空场那样凄清。待吴夫人走进来，几个伙计才顿一顿神，伸一伸腰和胳膊。既而听说要兑镯子，接生意的矮胖子脸上露出了笑意，把吴夫人让到店堂背后的客室里去。另外几个伙计也有点儿兴奋，大

家用欣羡的眼光送那矮胖子的背影。

“大概要摩登式样吧？”

“请你拿出来让我挑，”吴夫人在一把红木交椅上坐下，“要实心的。”

矮胖子捧出一只红木盘，取一个白纸包解开来说：“这是西洋图案，顶摩登的。”接着又取一个白纸包解开来说，“这一副只有这么一点儿小花样，戴起来也满写意。”他一连解了六七个纸包，红木盘里就排满了黄澄澄的家伙。

可是吴夫人并不留心什么花样，只挑比较大的三副，说：“请你称一称吧。”

“三副共计九两六钱七。”矮胖子称了之后回来报告。

“今天是一百十五块。”吴夫人抬头看金边镜框子里乌金纸上写着的粉字。

“不错，一百十五块。”矮胖子眯齐着眼睛说，“今天已经便宜了，前几天涨到一百十八块呢。”

“算一算够多少钱。”

矮胖子取来了算盘，短短的几个粗手指一阵劈里叭啦，他颠头簸脑说：“一千一百十二块零五分。加上打工，三块钱一副，三三得九。两副共一千一百二十一块零五分。”他又拨动算盘上的两颗子，说，“一块零五分不要算了，整数是

一千一百二十块钱。”他说着，眼光就溜到吴夫人那个蓝色小皮包上。

吴夫人解开小皮包，取出一叠钞票，像扔一团字纸那样扔在桌上，说：“先付一百块定洋，明天带钱来取东西。”

矮胖子伸两个指头在嘴里蘸了点唾液，连声说：“好的，好的。”就用熟练的手法数钞票，“一百块，不错。请教贵姓？”

“吴，口天吴。——明天来取，照今天的……”说到这里，就缩住了。

“当然，当然，照今天的行情。既然收了您的定洋，明天即使涨到一百二十块，也不能多算您一毛钱。”

“照规矩这样的。”吴夫人不脱老口的身份。一会儿接了收据，走出天宝，跨上包车。忽然想到了什么，她自言自语说：“一车子的铜板，真是死东西！”

“回家去吗？”阿二提起车柄回转头问。

“到叶盛兴，我要买酱鸡。”

第二天早上，当地的报纸送来了，吴先生抢在手里看头一版。吴夫人把脑袋挤到吴先生的耳朵边。老太太睁大眼睛等他们读出什么来。

“六项紧急法令。从今天起，把中央中交三家银行的钞票定为法币。一切收付都用法币，不得行使现金。堆有银洋，就得去兑换法币。”

“怎么说？”老太太缠不清了。

“就是不用现洋，有现洋快去换钞票。”吴先生高声回答。

“谁肯这样做呢？”老太太实在想不透。

“报纸上说的，如果故意收藏现洋，就得按照法律治罪。”

“那么我箱子里的三百块现洋也得拿出去换钞票了？”老太太愤愤地说。

“当然啰。”吴夫人悠然说，她正想到什么快意的事情。

“不去换也用不出去呀。”吴先生接上一句。

“我宁可用不出去，”老太太固执地说，“雪白的现洋，究竟是真价实货，放在那里总有用处的。箱子里不稳当，我会在地板底下挖一个坑，把现洋藏在里头。谁又有神仙的眼睛，知道我地板底下藏着现洋？”

“地板底下恐怕也不稳当，”吴先生想了一想说，“妈妈，你不是说过的么？从前长毛时候，人家把银子装进坛子，埋在泥土里。后来长毛平了，他们在原地方掘开来，只见满坛子的脏水。”

“嗤，我不相信有这样的事情！”吴夫人用鄙夷不屑的眼

光瞥着吴先生，同时她的脑袋离开了吴先生的耳朵边。

“事情是有的。不过那人家正在倒运，银子才会变脏水。像我们，阿弥陀佛……”老太太说到这里就咽住了，因为阿二正在兴冲冲跑进来。

“先生昨天兑铜板正兑得着。”阿二总是那么大声大气，“今天烟纸店都不挂牌子，人家去兑铜板，他们回说没有铜板！”

“如何？”吴先生不免得意，看着吴夫人微笑。

吴夫人把头偏转一点，给他个不睬。

“东西都涨价了！娘的，光面一涨涨了两个铜板！”

“如何？”吴夫人这才向吴先生努一努嘴，“你以为兑了一百零五块钱便宜得要命了！”

“大家在那里说，洋钱不用了，只准用钞票，用洋钱就犯法！对门李家的张妈积下三十只洋，听见了这个信息，拍着胸脯大哭。大家劝她劝不醒，直哭到此刻还不曾停哩。”

“作孽。”老太太对于那个张妈大表同情。

“我说笑话，”阿二一副嘻嘻哈哈的神气，“我身边洋钱也没有，钞票也没有，用什么哩，不用什么哩，都打搅不来我的夜梦。我只要气力换得来饭吃。不用洋钱，好，不用钞票，也好，省得吃坏洋钱和假钞票。先生，我的话中听吗？”

“唔。”吴先生随随便便应了一声。接着问，“书房里收拾了没有？”不等阿二回答，他的眼光又射到报纸上去了。

1935 年 11 月 16 日发表

一　桶　水

两个小学生各自挟着一卷纸，在一家棚户的门旁边站住。背后跟着六七个比他们大一点儿的男孩子女孩子，男的赤膊，女的破裤管齐到膝盖，脸上都露出一副等着看戏文的神气。

“里边有人吗？”

“谁？”走出来的是比小学生大一点儿的两个男孩子：青布衫敞着胸，头发长到两寸光景。

“你们一家有几个人？”一个小学生看定黑暗的门框问。

“我们一家三个人，”大一点儿的竖起右手的三个指头，“我们弟兄两个，还有个妈妈。”

“你们念过书吗？”

“没有念过。”弟兄两个齐声回答，大家摇一摇头。

“你们识字吗？”

“我们没有工夫识字。”

“你们妈妈识字吗？”

“识字？”一个中年妇人在黑暗的门框里出现了，左手挽着头发，右手拿着个木梳，“你们问我做什么？”

“现在不识字的人都得识字。本地有一百二十四个识字学校马上就要开办起来。教你们识字，一个钱也不要。我们是来给你们记下个名字。”

“我也得识字吗？哈哈！”中年妇人随手梳她的头发。

“除非你满了五十岁。”小学生留神看那中年妇人，估量她的年纪，“你同你的两个儿子都得识字。”

“小弟弟，”中年妇人带着讥笑的意味说，“我们不比你们。你们一个指头都不用动，家里有现成饭吃，念念书，识识字，满写意的。我们吃口饭，全靠两只手，不做就不得吃，哪里来的闲空工夫去念书识字？”

“这不要紧，”小学生亲切地解释给她听，“识字学校是整天开着的。夜里开到九点钟。你们去识字，随你们的便，什么时候有工夫就什么时候去。”

“小弟弟，我还要问你们一句：识了字就有饭吃吗？”

“这个……这个……”两个小学生都涨红了脸。

“哈哈，他们又回答不出了！”围在小学生背后的六七个

男孩子女孩子好像占了便宜似的。

“你们姓什么？叫什么？”一个小学生把挟着的纸展开来，又从衣袋里取出一支铅笔，等着动笔写，借此遮掩自己的窘态。

“告诉他们好了！”大一点儿的儿子看见娘有些疑惑的样子，就抢出来说。

“告诉他们好了。”六七个男孩子女孩子和着说，“我们的名字都写上去了，不见得就会给他们摄了魂去。”

“我们姓孙，我叫孙阿掌，弟弟叫孙阿秋，妈妈没有名字。”

“年纪呢？”小学生一边写，一边问。

“我十六岁，弟弟十五岁，妈妈四十一岁。”

“又不对什么亲，连年纪都要问明白做什么？”中年妇人这样自言自语，同时把绞好的头发挽成个发髻。

就是这一天傍晚，娘儿子三个敲了整天的石子回来，正围着一盏美孚灯吃泡饭，醮头张老大收太平公醮的份钱来了。

孙大娘放下饭碗，从枕头底下拿出

一个蓝布小包来，解开了，取了两个双毫小银洋，反复看上几眼，就郑重地交到张老大手里。

阿掌、阿秋两个的眼光给小银洋吸引住，直到张老大把小银洋放到衣袋里，还是舍不得离开他那个衣袋。

“我走了，这是收条。”张老大把一张黄纸条放在桌子上，转身走出，随即消失在门外的黑暗里。

“嗤，四毛钱换这么一张黄纸条！”阿掌把黄纸条抓在手里，发出愤愤之声。

孙大娘把蓝布小包仍旧藏在枕头底下，同时说：“你不要把它弄皱了，明天好好儿贴在门上，也算是我们孝敬神道的一点儿意思。”

“他一拿就是四毛钱，叫我们三个白做一天的生活！”阿秋顺着哥哥的口气。

“你不要说这种罪过话。”孙大娘眼望着阿秋，轻轻地说，好像怕给谁听见似的，“我们应该孝敬神道，说什么白做不白做！我们但求常常有生活做。我们但求神道保佑，不要把我们的破棚烧得精光。出几毛钱，我是不心痛的。”

“太平公醮每一年要打两回，可是火烧每个月就至少有两回，神道的保佑在哪里呢？”阿掌放下手里的黄纸条，一口气把剩下的泡饭吃完，随即跑到锅灶旁边洗碗筷。

“而且烧起来总是大烧，”阿秋也吃完了泡饭，带着碗筷走到哥哥身边去，“不是四五十家，就是一二十家。神道简直把我们当作玩意儿，他爱听我们的啼哭，他爱看我们坐在焦炭堆上！”

“难道你们两个发痴了？神道的事儿也好随口嚼舌？”孙大娘念了几声阿弥陀佛，才匆匆吃完她的夜顿。

但是阿掌并不就此住口，他看着阿秋说：“每家人家四毛钱，你算算看，三百家人家一共多少钱？”

“三四一千二百毛钱，换起大洋来，就是一百块钱不到一点儿。”

“每年两回就是两百来块钱。这笔钱省下来，很可以派用场。白白送给道士真是傻。”

“你说不用打醮吗？”孙大娘洗罢锅灶，正擦着手，睁大了眼睛说，“一年打两回醮，还是常常要火烧。若说不打醮，只怕天天要火烧哩。”

“防火烧该有旁的法子。”阿掌伸张两条胳臂，挺一挺胸膛，“我们要把那法子想出来，再不要年年花冤枉钱。”

“冤枉钱！”孙大娘一屁股坐在床上，“大家情情愿愿出钱，谁也不叫一声冤枉，自然有不冤枉的道理在里头。难道大家都是呆子，独有你是个聪明人吗？你没有进学堂去念洋书，就有这么些昏想头。等到你依了今天来的两个小学生的话，真个去念起洋书来，昏想头一定还要多呢。哼，我们实在用不着念什么洋书！”

“妈妈，我也不爱念什么书，念了书还不是去敲石子。”阿掌站到孙大娘面前，“不过，打醮的事情，我已经想了好几天了，你不相信，只要问阿秋。那天张老大来关照，说又得出份钱了，我就不快活。我们的钱是力气换来的，又不是偷来抢来的，为什么要花到那种事情上去？我总是这么想，防火烧该有旁的法子。”

阿秋接上说：“这一回的钱，张老大已经拿走，不必再说。下一回再打醮，妈妈，我们不要出钱吧。我们……”

阿秋的话没有说完，忽然外面扬起一片喊声。“火呀！”“火呀！”“妈妈呀！”“爸爸呀！”“奶奶！”“救命呀！”“救命呀！”这些声音搅和在一起，尖锐，哀酸。

“又火烧了！”娘儿子三个急忙向门外跑。只见东边约摸离开五六十家的人家正冒浓烟。狭窄的小弄两旁边，人影子一会儿闪进草棚里去，一会儿又闪出来，抱着孩子，背着东西，嘴里喳喳地嚷些什么。有几个人提着水桶跑过。有几条草狗赶来赶去乱叫。

“离张老大的家不远了。”阿秋说了一声，就牵着阿掌的

手向东跑去。

三四个火舌头吐出来了，照见那草棚近旁挤着许多人。烧红的芦柴屑飘飘扬扬飞到天空。作为柱子的毛竹发出毕毕剥剥的爆裂声。一阵风来，火舌头就舔到靠西一家的棚顶。

“啊……”挤着的人一阵呼喊，像受惊的蜂群似的骚动起来。

“阿弥陀佛，阿弥陀佛。”孙大娘突然醒悟似的，回进自己的草棚。

半个月以后，阿掌阿秋进识字学校了，因为白天要做生活，他们吃过晚饭去。同在一起的是邻近的年纪相仿的男孩子女孩子，一伙儿去，一伙儿回，有说有笑，倒也没有什么不惯。可是字实在难认。那先生教一个字要翻来覆去说上一套话，听听也不免有点儿厌烦。孙大娘是没有去，她说：“有工夫识字，还不如乘乘风凉，早点儿睡觉。”警察到过她家里一趟，告诉她不去识字就得受罚。她含糊答应了，等警察转了背，努着嘴说：“什么都用得着你们管！不识字又不犯法，看你们怎样来罚我！”

在到校和回家的路上，阿掌、阿秋和同学常常谈起最近一回火烧。一连烧去三十几个草棚。一个老太婆两个小孩子丧了命。救火车开不进狭窄的弄堂。水桶拿不出许多。往来取水只是杂乱无章的一阵胡闹。问到起火的原因，只为捉臭虫烧着了芦柴墙。太平公醮就在火烧的第三天开场，接连打了三天，醮头张老大就是烧得精光的一个。真个有神道的话，那神道简直是专同人家开玩笑的坏蛋。谈到末了，阿掌就来这么一句："防火烧该有旁的法子。"

一群少年男女几次商量的结果，大家认为草棚本来是容易着火的东西，又加烧饭点灯都在零乱的家具旁边，一不当心，自然就闯出祸事来了。最要紧的还在把零乱的家具收拾得清楚一点儿，锅灶不要贴着墙壁，点灯的桌子上或者凳子上不要放旁的东西，臭虫要在白天里捉，每晚上要仔细看过，有没有火种留下，才好睡觉。

"我们一共有三百家人家，要家家这样做，只怕不容易吧。"

"我们这里有三十多人，用我们的嘴，一家一家去劝，每人劝十家，事情就成了。"

"单只是劝，还是不行。我们应该在自己家里先做起来，给人家做个样子。"

"我们还要去替人家收拾。"阿掌兴奋地说，"人家怕事，懒得动，我们可不怕事，喜欢动！"

"我们几时开头呢？"

阿掌说："就是今晚上开头好了。天气热，早睡也睡不着。我们有的是嘴，要好言好语劝人家，等人家相信了才罢休。"

这时候，他们已经走进棚户的区域。昏暗的小弄里，两旁排列着乘凉的人，扇子噼啪噼啪地乱响，唱山歌声和小孩啼哭声搅在一起。那些人看见这些识字学生，不由得带笑带讽地说："读书官人回来了，读书官人回来了。"

识字学生散了开来，各就自家邻近的人进行劝说，板凳有空地位，把屁股点在板凳角上，不然就蹲下来，以便和听话的人齐肩。大家一听到提起火烧的事，言语好像开了水闸，滔滔汩汩泄个不歇。到后来听说防止火烧可以从收拾家具入手，有些人就不免笑起来。说事情只怕没有那样便当。烧不烧到底在天意，天意不要你烧，你去放火也烧不着。并且，要收拾得清清楚楚须得有空地方，草棚只有那么一点点大，什么东西都挤在一块儿，你要收拾除非把东西丢掉。

识字学生于是作第二套的劝说。收拾总比不收拾好点儿，就不为防火烧，东西有了一定地方，使用起来也便当得多。并且，东西也不用丢掉，收拾之后，屋里自然会见得宽大起来。又说，这个事情并不难，不妨试一试，只要少乘两个晚上的风凉就成了。以后只要永远记着，什么东西在什么地方，再没有旁的事情了。如果人手不够，或者嫌麻烦，愿意给他帮忙。

听话的人这才带点儿勉强答应下来，说："你们这批孩子念了洋书就有新花样。譬如白做义工生活，依从你们收拾收拾吧。"

识字学生见目的已经达到，不再同人家多辩，就站起来去劝说第二家。

不到三天工夫，收拾东西的劝说传遍了棚户的区域，动手收拾了的也有百来家。就说孙大娘家里，已经改变了面目。躲在里角的锅灶搬到了门旁边。小小的一只破板箱专盛木柴，和锅灶隔开一个水缸。板箱上面挂着小竹橱，里面放着盐瓶、油罐、饭碗那些东西。一横一竖两张板床贴着里角。娘儿子三个所有的衣服打成两个包裹，放在板床的脚横头。除了便桶以外，一切盆桶瓶罐都藏在床底下。原来挂着的撕破了半边的天官像收下来充了柴火，就在那地方挂着娘儿子三个做生活用的几柄小铁椎。一张板桌站在屋中心，桌子上只有一把泥茶壶、一只绿豆色茶碗陪着那盏美孚灯。桌子旁边是一条长凳，一把坏了靠背的椅子。

邻舍跑来看了，说："孙大娘，你们的东西好像少了许

多，你们的屋子好像大了许多了。”

孙大娘用并不严重的埋怨口气回答：“他们弟兄两个起劲，把屋里翻了个身。现在好像新搬场，样样东西都不凑手了。”

“我们也是这样。不过收拾过后，眼睛看去觉得清爽，坐坐躺躺也舒服些。真不明白，我们从前为什么只管乱摊乱塞，把家里搞得像狗窝？”

没有动手的两百来家听到这样的话也就兴奋起来。好久没有拂拭的芦柴墙掸去了灰尘。霉蒸气的破篮子破箱子被提到门外头浴着太阳光。躲在各处的臭虫遭了劫运，不待出来吸血就被屠杀。衣服棉被重新经过折叠。瓶甏之类擦的擦、洗的洗，都显出一副新面目。他们有的看人家的样，有的自出心裁，给一切东西找个新的适当的位置。他们好像参加一种游艺的竞赛，不爱惜自己的力气，同时也忘了为什么要这样做的目的。只有十来家是孤老头子或者年迈的老太婆带着她的小孙子，他们颓唐得厉害，鼓不起中年男女少年男女那样的兴致。阿掌、阿秋一批人就给他们代劳，实践了自己的约言。

“我们也得收拾收拾道路呀！”不知道是谁这样提了出来。

“好的！”许多扫帚就在各家门前扫动，使成群的苍蝇吓得一阵乱飞。

一群识字学生从学校回家，一路踏着象牙色的月亮光，谈谈说说，又提到各家收拾东西的事情。

“喂，”一个推塌车的少年工人提高嗓音说，“你们有没有留心？有许多人家又把东西乱摊乱塞，木柴木花堆在灶门口，火油灯摆在眠床旁边了！”

“怎么没有留心？”一个纱厂女童工接上说，“不过我们家里还是像前些天一样，没有改变。”

“单单我们家里整齐是不行的。”阿秋立刻给她个回驳，“三百家人家挤得紧紧的，一家闯出祸事来，就有许多家陪着受累。故而非家家整齐不可。”

阿掌说：“我看，我们得再来一次劝说。只有一句话，大家要像念佛一样，念在口里，记在心里。就是说：‘要防火烧，第一要把家里收拾清楚。’他们当初只是一窝蜂，听了我们的劝说就收拾一下，并没有留心到这一层。现在须叫大家特别留心。”

“倘若大家识了字，就可以把这句话大大地写起来，贴在各家墙上了。”对于识字并不感到兴趣的一个香烟厂童工忽然

发现了文字的用处。

“今天警察又来过了，”一个翻砂厂的少年工人接上说，“说十天以内谁不去上学校，就得拉到局子里去。”

“大家想不透识字有什么用处，字又那么难识，硬逼也是白费心思。”阿掌停顿了一下，又说，“像我们妈妈，她就说有工夫识字，还不如早点儿睡觉，让身子多歇息一会儿——这且不要管他。我想，我们还得劝说一桩事情，就是每家预备一桶水。救火车开不进我们的弄堂。火起了，慌慌忙忙到河里去取水，取起一桶来至少泼掉半桶。故而要在平时预备一桶水。”

“你这法子好。”推塌车的少年工人拍手说，“每家一桶，三百家就是三百桶。”

“我想，”香烟厂童工抬起头来望着月亮，“那一桶水还得放在一定的地方，用得着的时候，拿起来就一点儿不费事。”

“照这样说，”翻砂厂的少年工人想得更进一步，“我们应该时常练习救火。怎样提水桶，怎样向火起的地方跑，怎样回转身来再去取第二桶水，都要练习得很熟很熟，到时候才可以不慌不忙把火救熄。你们看，救火会里不是时常在那里练习吗？”

一群识字学生听到这里一齐拍手说：“什么事情都要商

量，越商量越会有好主意。现在我们可以同火神抵一抵了！”

他们怀着热烈的心情，一跑进棚户的区域，就分头向各家劝说。

“读书官人，你们又有什么新鲜花样吩咐我们了？”影子斜拖在地上和墙上的男女乱纷纷地问。

“要防火烧，第一要把家里收拾清楚！”

“要防火烧，每家必须预备一桶水！”

他们说家里要永久收拾清楚，不可今天弄清楚，明天就弄乱了。又说一桶水要永久放在一定的地方，大家要一同来练习救火。

阿掌劝说的是张老大。张老大的新草棚又搭起来了，毛竹芦席和稻草都是赊来的。他正牵挂着新债务在那里叹气，听了阿掌的话，恨恨地说：“让它再烧吧！把我人都烧死顶好！防火烧，我不高兴！谁保得定防了就不烧？”

“张伯伯，你当醮头，很起劲的，吃了自家的饭，干大家的事。现在说的也是大家的事，为什么就不高兴了？难道你只相信神道，不相信自己吗？”

“相信自己又怎么样呢？”张老大眼瞪瞪地望着稻草还没有剪齐的屋檐，“一会儿烧起来了，我一个人，两条胳臂，也奈何它不得。”

阿掌举起两只手，说：“我们有三百桶水，我们有练得熟透了的救火本领，怎么说奈何它不得？从前吃亏在我们没有合起伙来干，现在我们合起伙来，力量就大了。张伯伯，你要相信我们自己的大力量！”

“你说合伙合得成吗？”张老大幽幽地说。

“怎么合不成？打太平公醮，大家情情愿愿出钱，这就是合得成的凭据。现在说的比打醮更有把握，大家为了自己，自然会高高兴兴合起伙来。”

“这件事情我总不来领头。”张老大还是有点儿不信服。

“张伯伯，我们不要你领头。你只要依我们的话，平时预备一桶水，到练习的时候，你也来一起练习，就是了。”

“就依你吧，”张老大有气没力地说，“现在年纪大的都得跟从你们小伙子了！”

镗，镗，镗。破锣声在棚户区域里跑过。停了一口气的工夫，又是三声：镗，镗，镗。

家家门里立刻都冲出一个人来，男女老少都有，手里各提着一个水桶，木桶铅桶都有。

“三声是西边，向西边跑呀！”像风吹的落叶似的，人群向西边涌去。西边的落照正红，仿佛真有个火烧场在那里。

“哈哈，好玩的事儿，我们去救假火！”

“看见吗，你的水泼掉半桶了？”

推塌车的少年工人高声地叫唤：“大家不要嘻嘻哈哈！救假火要像救真火一样！水不要在半路里泼掉！要浇在火场上才不可惜！”

人群冲到棚户区域西边的尽头，只见阿掌站在一个土堆上，手里举起一面红布小旗子。这是火场的记号，大家就争先把桶里的水向土堆浇去。有些人跑上土堆，去浇阿掌的身体，嘴里喊着“给你淴个浴！”。

阿掌立刻成了落汤鸡，衫裤通湿，淋淋地滴着水。

“哈哈！”大家觉得有趣，都停了步看着阿掌大笑。不担任提水桶的男女和小孩子也踏脚拍手助兴。

“你们忘了！”阿掌挥动旗子，好似军官一般威严，“赶快到河埠头去，取第二桶水来！你们闲看的让开一条路！你们这样团团围住是要误事的！”

人群一阵移动，闲看的站到两边。浇过了水的急忙转身向南，抄到河埠头去。后到的才得挨近土堆前浇水。

一会儿，落照已经收了光，阿掌估计差不多个个人浇掉两桶水了，就发出命令说：“今天的练习就此完毕。往后听见锣声再来。一件事情不要忘了，空桶得取了水带回去，放在老地方！”

“啊，我们打太平锣回去！”大的小的宽的尖的喉音一齐仿效着锣声，“汤，汤，汤，——镗，镗，镗！”脚步踏在湿漉漉的泥地上，发出兹札兹札的声音。

阿掌从土堆上跳下来，望见张老大的背影，提着一个空铅桶独自走去，就追上了他：“张伯伯，你看今天不是大家都来了吗？”

“唔。要是早有这回事，说不定我的草棚不会烧掉了。你想，离开起火人家有八家呢。”

“今天大家不很认真，往后还得好好儿地练习。要练习得像兵操一样，又认真，又整齐，又勤快，那我们就不会吃火烧的苦了。”

两个人并排走了二三十步，阿掌又自言自语说：“我们更得劝大家识字哩。要是有一种容易识一点儿的字就好了。”

“怎么说？”

“我们这里不识字的多。有一句话，一定要一家一家去传说。听了的还是要弄错，要忘掉。张伯伯，你是识字的，倘如大家都识了字，有什么话不是可以写在纸上贴起来吗？譬如救火方法，就可以一句一句写出来，叫人家看得明白，记得牢固。”

“你的话不错——我要到河埠头取水去，你先走吧！”张老大和阿掌分路。

阿掌回到家里，只见阿秋已经取了一桶水，放在板床横头。他高兴地说：“阿秋，等会儿学校里回来，我们来练习造句，说的是救火方法。”

“好的。”阿秋跟着娘盛冷饭，回转头来答应。

1936年1月1日发表

叶圣陶生平简编

1894 年

10 月 28 日，出生于江苏省苏州市悬桥巷一个平民家庭，名绍钧。父叶仁伯，为人管账；母朱氏，理家。

1901 年　七岁

本年起，在张元仲设立的私塾读书，与顾颉刚是同学。课余常随父亲去听说书。

1911 年　十七岁

7 月，在《妇女时报》发表第一篇论文《儿童之观念》。

1912 年　十八岁

春，为维持家计，在苏州城里干将坊言子庙初等小学二年级任教员。

1915 年　二十一岁

秋，经由郭绍虞介绍，到上海商务印书馆附设的尚公学校（小学）教国文，并为商务印书馆编小学国文课本。

1919 年　二十五岁

2 月，应顾颉刚、傅斯年、罗家伦等邀请，在《新潮》发表新诗《春雨》和短篇小说《这也是一个人》（收入《隔膜》时改题为《一生》）等，标志着叶圣陶正式以“为人生”的文艺创作加入了“五四”新文化运动和文学革命运动。

1921 年　二十七岁

1 月 4 日，与周作人、沈雁冰、郑振铎等十二人发起，在北京成立文学研究会，共同举起“为人生”的现实主义文学旗帜。

1922 年　二十八岁

1 月 7 日，郑振铎主编的《儿童世界》创刊，叶圣陶积极支持。自 1921 年 11 月 15 日起，写《小白船》《燕子》《一粒种子》等九篇童话，均在《儿童世界》刊出。这是叶圣陶童话创作的开始，也是中国新文学史上童话创作的一个良好的开端。

同月，第一部童话集《稻草人》由上海商务印书馆初版印行。

1929 年　三十五岁

9 月 5 日，作童话《古代英雄的石像》，开始了童话创作的第二个高潮。

1931 年　三十七岁

6 月，第二部童话集《古代英雄的石像》由开明书店初版印行，为“开明少年丛书”之一。收童话九篇，丰子恺插图，书后附丰子恺的读后感。

1934 年　四十岁

3 月，《多收了三五斗》由鲁迅和茅盾编入中国现代作家短篇小说集《草鞋脚》。该书由伊罗生译成英文，1974 年由美国麻省理工学院出版社出版。

1936 年　四十二岁

3 月，《圣陶短篇小说集》由上海商务印书馆初版印行，编入文学研究会丛书，收小说二十八篇，这是叶圣陶第一种自选小说集。

1937 年　四十三岁

2 月，文艺评论集《文章例话》由开明书店初版印行，至 1949 年 3 月共印十一版。

1939 年　四十五岁

3 月 28 日，任《中学生》杂志社社长。

5 月 5 日，《中学生》杂志改为《中学生战时半月刊》，在桂林复刊，叶圣陶任杂志社社长。

1947 年　五十三岁

7 月，撰《少年国语读本》(共四册)，由开明书店初版印行。其内容切近少年生活，文字精当流畅，富于文艺情趣，少年需用的文体大体齐备，可作为写作的范本。

1948 年　五十四岁

1 月，亲自编选的《叶圣陶文集》由上海春风书店出版。

8 月，撰《儿童国语读本》(共四册)，由开明书店出版。

1954 年　六十岁

12 月，自选修订《叶圣陶短篇小说集》，由人民文学出版社出版，收入《一生》等二十三篇小说。

1959 年　六十五岁

《叶圣陶选集》由人民文学出版社出版，收入《人生》等小说三十七篇、《登雁塔》等散文十篇。

1979 年　八十五岁

8 月,《叶圣陶童话选》修订本由中国少年儿童出版社出版。

1980 年　八十六岁

8 月,《叶圣陶语文教育论集》由教育科学出版社出版，共收入有关论文、评论、杂文一百一十二篇，书信三十六封。

1988 年　九十四岁

1 月 22 日发病，当晚住进北京医院。

2 月 16 日晨抢救无效，八点二十分病逝。

叶圣陶
青少年文库

（童话卷一）
稻草人

这是现当代中国童话的开荒之作，是“为中国童话开了一条自己创作的路的”。叶圣陶的童话结合时代的特征，富有想象力，语言简洁，内容深刻，富含哲理。

（童话卷二）
玫瑰和金鱼

收录了叶圣陶创作的经典童话，充满童趣，意蕴深厚，与社会现实紧密结合，充分反映了“文学为人生”的创作宗旨。

（诗歌卷）
蒲公英

收录了叶圣陶用最质朴的语言、最生活化的诗意，为我们谱写的最天然的诗歌，也是影响几代人的最具音律感的睡前歌谣。

（散文卷一）
没有秋虫的地方

收录了叶圣陶早期的经典散文，内容丰富，题材各异，从一个侧面反映了作者的思想感情及创作风格，非常值得品读。

（散文卷二）

我坐了木船

收录了叶圣陶早期的经典散文，构思精巧，内蕴深厚，充分显示了作者的文学功底及丰富的人生阅历。

（散文卷三）

一个少年的笔记

收录了叶圣陶在建国之后创作的散文作品，涉及内容广泛，风格恬淡，有对自身经历的回顾，也有多姿多彩的随想。

（小说卷一）

小铜匠

收录叶圣陶早期创作的经典短篇小说。其中多是对孩子和母爱的赞颂，通过人物的对话和对自然的美好书写，让读者自己体会到这些关于爱和自由的理想。

（小说卷二）

潘先生在难中

收录了叶圣陶二三十年代创作的经典短篇小说。作者善于捕捉时代特征下人物心理和性格，塑造出一个个“城市小资产阶级”和利己主义者的经典形象。

（小说卷三）

友　谊

收录了叶圣陶的经典小说作品，意蕴深厚，构思精巧，深刻反映了当时的社会现实，充满了对人民大众的同情与怜悯。

（随笔例话卷）

假如我有一个弟弟

这是一本凝结了叶圣陶一生关于写作和教育方面的智慧和经验的书。如何写作，如何读书，如何教育，听叶圣陶老人为我们娓娓道来。